国家社会科学基金项目

"燕山大学优秀学术著作及教材"基金项目

移动电子商务信息生态系统服务创新模式研究

许孝君◎著

燕山大学出版社

·秦皇岛·

图书在版编目（CIP）数据

移动电子商务信息生态系统服务创新模式研究 / 许孝君著 . — 秦皇岛：燕山大学出版社，2023.11
　ISBN 978-7-5761-0676-3

　I.①移… II.①许… III.①移动电子商务—信息服务业 IV.① F713.36

　中国国家版本馆 CIP 数据核字（2024）第 085325 号

移动电子商务信息生态系统服务创新模式研究
YIDONG DIANZI SHANGWU XINXI SHENGTAI XITONG FUWU CHUANGXIN MOSHI YANJIU

许孝君　著

出 版 人：陈　玉	责任编辑：柯亚莉
封面设计：方志强	责任印制：吴　波
出版发行：燕山大学出版社	地　　址：河北省秦皇岛市河北大街西段 438 号
邮政编码：066004	电　　话：0335-8387555
印　　刷：涿州市般润文化传播有限公司	经　　销：全国新华书店

开　本：710mm×1000mm 1/16	印　张：13.5	字　数：220 千字
版　次：2023 年 11 月第 1 版	印　次：2023 年 11 月第 1 次印刷	
书　号：ISBN 978-7-5761-0676-3		
定　价：58.00 元		

版权所有 侵权必究
如发生印刷、装订质量问题，读者可与出版社联系调换
联系电话：0335-8387718

前　言

自20世纪90年代末以来,移动电子商务经历了起步、发展到成熟的多个阶段,成为全球电子商务市场的重要组成部分。移动电子商务作为一种新兴的商业模式,对传统商业模式产生了颠覆性的影响,移动电子商务正以前所未有的速度和规模迅速发展。随着智能手机和移动互联网的普及,消费者可以随时随地通过移动设备进行购物、支付和获取服务,这不仅极大地便捷了人们的生活,也为企业带来了新的商业机会和挑战。而移动电子商务信息服务作为移动电子商务的重要组成部分,其质量和效率直接影响着整个行业的发展。

信息时代背景下,新质生产力的提升与网络强国的构建相辅相成,构建以数智化为驱动的移动电子商务信息服务新生态至关重要。当前移动电子商务行业正面临着时代赋予的重要发展机遇与挑战,数智化不仅推动了信息服务的智能化,也促进了移动电子商务行业的可持续发展。在构建移动电子商务信息服务新生态过程中,大数据、人工智能、云计算、5G、区块链、物联网等先进技术的应用提高了信息服务的质量和效率,增强了企业创新能力,优化了风险管理与监控,保障了信息安全,同时为移动互联网信息服务生态的构建提供了强大的内驱力。

本书立足跨学科研究视角,以移动电子商务信息服务为主要研究对象,旨在深入探讨这一领域的服务创新模式,分析其发展趋势,为相关企业和研究者提供理论指导和实践参考。本书全面回顾和总结了近20年国内外移动商务领域的研究热点、视野和未来发展方向;探讨了移动电子商务信息服务主体的行为模式和资源配置机理，构建了移动电子商务用户信息行为转化模型并分析了影响用户信息行为的关键因素；在信息服务创新模式分析中，提出云边协同信息生态系统，结合云计算和边缘计算功能，对移动支付流程和信息服务模式进行了阐述；同时探讨元宇宙、物联网和区块链技术在移动电子商务信息服务模式创新中的应用；最后，从环境优化、交互提升及多元主体共治三个维度提出移动电子商务信息服务高质量发展策略。本书的研究内容对如何提高移动电子商务信息服务高质量发展具有重要的理论和现实意义。

本书部分章节内容源于笔者所承担的国家社会科学基金青年项目"移动电子商务信息服务生态系统的理论构建与创新应用研究"（项目编号：19CTQ021）的阶段性研究成果，团队成员徐林忠、王露、赵子英也积极参与了本书的撰写工作。同时，本书的出版得到了燕山大学优秀学术著作及教材出版基金项目的资助，在此一并致以诚挚的感谢。本书可为学界同仁从事相关研究提供广阔的研究视野及有价值的信息和启示，促进相关领域的跨学科学术交流与合作，共同推动情报学学科的发展和进步，共促移动电子商务的繁荣发展。

展望未来，移动电子商务将继续深化与人工智能、大数据、物联网等前沿技术的融合，不断创新服务模式，提升用户体验，5G、6G等技术的应用也将为移动电子商务带来更加广阔的发展空间。最后，期待广大读者在阅读和使用的过程中多提宝贵意见。

作　者

2023 年 11 月

目　　录

第1章　绪论 ………………………………………………………………… 1

1.1　研究背景与意义 …………………………………………………… 1
1.2　国内外研究综述 …………………………………………………… 4
1.3　主要研究内容 ……………………………………………………… 11
1.4　主要研究方法 ……………………………………………………… 12

第2章　移动电子商务文献计量可视化分析 …………………………… 14

2.1　研究工具与数据 …………………………………………………… 14
2.2　可视化分析 ………………………………………………………… 17
2.3　共被引分析 ………………………………………………………… 22
2.4　研究热点分析 ……………………………………………………… 31
2.5　本章小结 …………………………………………………………… 36

第3章　移动电子商务信息服务主体行为模式 ………………………… 38

3.1　相关概念和原理 …………………………………………………… 38
3.2　信息服务主体合作竞争模式 ……………………………………… 41
3.3　合作竞争关系仿真模型 …………………………………………… 43
3.4　仿真模拟 …………………………………………………………… 48
3.5　仿真结果分析 ……………………………………………………… 65
3.6　最优合作竞争模式 ………………………………………………… 66
3.7　信息服务主体最优服务策略 ……………………………………… 68

3.8 本章小结 ··· 69

第4章 移动电子商务用户信息服务行为研究 ·················· 70

4.1 网络用户信息行为 ··· 70
4.2 信息行为转化理论模型 ·· 71
4.3 研究假设 ··· 73
4.4 研究设计 ··· 77
4.5 模型验证 ··· 79
4.6 检验结果分析 ··· 82
4.7 用户信息服务提升策略 ·· 85
4.8 本章小结 ··· 87

第5章 云边协同的移动商务信息服务创新模式 ·················· 88

5.1 移动商务信息服务模式 ·· 88
5.2 云计算和边缘计算 ··· 90
5.3 云边协同的信息生态系统 ··· 94
5.4 云边协同移动支付流程 ·· 96
5.5 云边协同的移动商务信息服务模式 ····························· 99
5.6 未来发展展望 ··· 100
5.7 本章小结 ··· 101

第6章 元宇宙赋能的信息服务创新模式 ························· 102

6.1 元宇宙的应用场景 ··· 102
6.2 基于元宇宙的信息服务体系 ······································ 107
6.3 元宇宙赋能的移动商务信息生态系统 ·························· 110
6.4 移动电子商务元宇宙信息生态圈 ································ 116
6.5 移动电子商务元宇宙的实现路径 ································ 119

6.6 移动电子商务元宇宙发展面临的挑战 …………………………… 121

6.7 本章小结 …………………………………………………………… 124

第7章 物联网与信息技术融合的创新模式 …………………………… 125

7.1 物联网移动商务信息服务模式 …………………………………… 125

7.2 智慧城市与移动商务信息服务创新模式 ………………………… 128

7.3 智慧旅游与移动商务信息服务模式创新 ………………………… 129

7.4 人工智能信息服务创新模式 ……………………………………… 146

7.5 智能制造信息服务创新模式 ……………………………………… 151

7.6 数字孪生信息服务创新模式 ……………………………………… 155

7.7 本章小结 …………………………………………………………… 161

第8章 区块链与加密数字货币的信息服务创新模式 ………………… 162

8.1 区块链的基本理论 ………………………………………………… 162

8.2 区块链的应用场景 ………………………………………………… 166

8.3 区块链赋能的移动支付系统 ……………………………………… 169

8.4 NFT信息服务创新模式 …………………………………………… 173

8.5 本章小结 …………………………………………………………… 175

第9章 移动电子商务信息服务高质量发展的提升策略 ……………… 176

9.1 信息服务环境优化策略 …………………………………………… 176

9.2 信息服务交互提升策略 …………………………………………… 181

9.3 信息服务多元主体共治策略 ……………………………………… 184

9.4 本章小结 …………………………………………………………… 186

参考文献 …………………………………………………………………… 188

第1章　绪论

1.1　研究背景与意义

1.1.1　研究背景

随着互联网和移动通信技术的飞速发展,移动电子商务已经成为国内外经济社会发展的重要推动力量,对于促进经济增长、提高社会效益具有重要作用。移动互联网技术的突破带来了智能手机、移动应用市场等颠覆性产品和服务,为移动电子商务的发展提供了基础。5G时代的移动应用凭借其信息传递即时、移动支付便捷、运营成本低廉且易推广等优势,迅速发展并展现出更加广阔的前景。社会生活快节奏下,消费者的信息获取和消费行为也发生了变化,他们对于价格、品质、物流等多方面、多样化、个性化的需求,促使移动电子商务信息服务质量不断提高。大数据、云计算、人工智能等关键技术的发展,极大地优化了信息的挖掘、处理和应用,这也使得移动电子商务信息服务能够更加精细化、智能化地满足用户需求。

移动电子商务不仅让消费者可以随时随地购物,也给企业提供了新的销售渠道。移动电子商务信息服务的质量和效率直接影响着消费者的购物体验和购买决策,信息安全、用户体验、个性化推荐等问题也随之成为移动电子商务发展的制约因素。众多电商企业通过拓展新业务、优化用户体验等方式争夺市场份额,然而由于信息不对称等因素,企业在运营过程中出现了越来越多的信息服务质量问题,如发布产品信息不实、泄露个人隐私、刷单炒信、客服外包等,严重影响了对商品信息的获取和决策,造成了不必要的损失。一些电商平台甚至存在包庇企业违规行为,更是导致用户维权困难。2021年网购投诉量占全部投诉量的52.55%;2022年,网购投诉量占全部投诉量的42.78%,仍为比例最高,此外商家纠纷占比15.78%,网络支付为5.05%。信息泄露也成为2022年高发的投诉问题,这也表明消费者个人信息安全问题十分重要。

顺应时代需要,我国先后出台若干互联网相关政策,为移动电子商务的发展提供了有力保障。2018年《电子商务法》正式颁布,不仅保障了电子商务各方主体的合法权益,也让网上交易不再有法外之地,政府对移动支付、电子商务税收等方面也进行了规范和支持。近年来大数据分析和机器学习技术的出现使企业能够从消费者数据中获得有价值的见解,推动有针对性的营销策略、个性化的购物体验和优化的商品定价。电商企业应利用移动设备、社交媒体等渠道,深入了解移动电子商务对隐私、安全和消费者行为的社会影响,不断创新信息服务模式,推动移动电子商务信息服务的高质量发展,更有必要在政府部门监督管理下,构建有效的信息服务监管机制,确保移动电子商务信息服务的健康有序。

移动电子商务信息服务不仅包括商品信息的展示,还包括用户评论、个性化推荐、支付服务等。尽管移动电子商务信息服务的重要性日益凸显,但其发展仍然面临着诸多挑战,也存在着诸多亟待解决的问题。面对日益加剧的市场竞争,如何提高移动电子商务信息服务的质量和效率,实现商业价值最大化,成为企业必须面对的重要问题。因此,对移动电子商务信息服务进行深入研究,激发其发展创新的新动力、新动能,解决突出矛盾和问题,真正建立共享、开放、安全、诚信的移动电子商务发展环境,对于企业实现可持续发展及网络环境的净化都具有重要意义。

1.1.2 研究意义

新冠疫情在过去三年中显著改变了消费者的生活和购物模式,移动电子商务作为在线购物的主要渠道,被越来越多地使用。移动电子商务正经历范式转变,为互联网行业的业务流程转型带来了机遇和挑战[1]。在以数字化、信息化和网络化为特征的21世纪,移动电子商务成为大数据时代建设和创新的趋势。信息服务质量是企业的核心竞争力,一个良好的竞争激励模式能激发企业提供高质量的信息服务,增强企业的竞争力。高质量的信息服务能够提升用户体验,增加用户黏性,从而吸引更多的用户和商家进入生态系统,反之则会降低用户的满意度和信任度,导致用户流失和商家的退出。

移动电子商务是电子商务领域的重要分支,研究移动电子商务信息服务,有助于提升消费者的购物体验,通过个性化推荐系统、界面设计优化等方式,为用户提供更加符合其所需商品的信息和服务,增强用户黏性,提高购买转化率;有助于加强信息安全保护,信息安全问题一直是用户和企业关注的焦点,移动电子商务涉及大量的用户个人信息和支付数据,研究信息服务的安全保护机制,可以有效防范各类安全威胁,提升用户信任度,促进移动电子商务的健康发展;有助于推动商业模式创新,通过对用户行为数据的分析和挖掘,可以为企业提供更加精准的营销策略和商业决策支持,促进商业模式的不断优化和创新,推动企业向数字化、智能化转型。

本书对移动电子商务信息服务进行研究,采用跨学科理论和方法,紧扣信息服务应以人为本的宗旨,探讨信息服务模式的创新应用等关键问题。本书遵循网络信息生态的发展规律,运用协同创新理念优化信息供给侧结构,旨在提升供给侧的信息服务质量,满足用户不断变化的信息消费需求。本书的研究内容将填补学科在该领域的研究空白,并有望促进学术界和业界的交流与合作,为未来的学术研究提供理论基础和参考,推动情报学学科进步。本书的研究成果对移动电子商务信息服务高质量发展也具有重要的理论意义和现实意义。

1.2 国内外研究综述

1.2.1 国外研究现状

关于信息生态的研究。国外学者的研究主要集中于信息生态环境,涉及人、社会环境、信息技术之间的关系,信息传播过程生态问题等。Horton(1978)首次正式提出了"信息生态"概念,从生态学的角度探讨了组织内部信息的流动和映射问题[2]。德国学者 Rafael Capurro(1990)从信息伦理角度对信息生态进行了初步探索,从宏观层面出发,分析了国家政策、法规制度和人文环境等因素对人与信息之间关系的影响[3]。Davenport 等(1997)在研究企业信息化问题时,提出了微观层面的信息生态,主张从系统角度分析组织内不同信息利用方式带来的复杂性问题[4]。Bonnie A. Nardi(1999)认为信息生态是由某一环境下的人、行为以及价值和技术共同构成的有机整体[5]。

关于电子商务生态的相关研究。Moore(1993)首次提出"商业生态系统"这一概念,指出该系统包括企业、顾客、媒介等物种,它们在相互作用过程中逐步按照某个或多个中心群体指引的方向进行发展[6]。Brian Detlor(2001)建立电子商务信息生态系统模型,通过实证探讨了组织的信息生态环境对电子商务创新的影响[7]。Rajshekhar G. Javalgi 等(2005)利用互联网生态系统中古典模型的组织生态动力学特点,构建了电子商务生态模型[8]。Erik Assadourian(2008)认为电子商务的发展离不开稳定的经济环境支持,国家经济环境是构成电子商务生态环境的组成部分之一[9]。Sajed M. Abukhader(2008)分析了电子商务生态效益和电子商务生态效率之间的区别与联系,并构建了电子商务生态效益评价模型[10]。近年来相关研究仍然在继续,学者们也将基础理论进行了延伸与扩展。Gao Lan 等(2019)指出运用电子商务生态系统概念来解决跨境电子商务中存在的问题将是未来的研究趋势[11]。Xie Chao 等(2020)基于信息生态学和信息传播视角,构建了社交电子商务的信息流模型;基于社交网络分析方法,对社交电子商务用户的社交网络进行了分析;基于技术接受与使用集成模型(UTAUT)、感知风险理论和信任理论,构建了社交电子商务用户初始信息接受影响因素的概念模型,并采用德尔菲法和DEMATEL法对关键影响因素进行了识别[12]。

关于移动商务及企业竞合方面的相关研究。Gueguen 和 Isckia(2011)讨论了移动 OS 生态系统的核心关系,确认了合作竞争策略在移动平台战争中尤为重要[13],虽然相关研究还处于初级阶段,但这些尝试为今后的研究方向提供了参考。Karhu 等(2014)为移动平台建立了一个通用的抽象的生态系统模型,并利用网络分析对生态系统中参与者之间的合作竞争关系进行建模,得到了每个移动平台的加权竞争与合作网络[14]。Gnyawali 等(2016)开发了一个涉及同时追求竞争和合作的企业间关系的概念框架,该框架解释了关键的矛盾条件、矛盾张力以及这种关系中紧张的绩效影响[15]。Chou 和 Zolkiewski(2018)探讨了网络环境中,特别是价值网络中合作竞争行为的动态性,解释了关系连通性的重要性以及价值创造对促进行动者合作行为的必要性[16]。Hoffmann 等(2018)提出了一个竞争与合作相互作用的组织框架,强调了关于竞争与合作的性质和相互关联的论点,并将注意力集中在竞争与合作之间的紧张关系以及管理这种紧张关系的替代方法上[17]。Bacon 等(2020)利用模糊集定性比较分析(fsQCA)确定了合作竞争条件的配置方式,揭示了创新生态系统中伙伴关系和非竞争关系所需的不同配置[18]。Garri(2021)提出多层次机制来揭示微型企业合作竞争管理、价值共同创造、知识提升与卓越绩效之间的关系,发现成功的合作竞争管理能够带来价值共创和知识提升[19]。Liu Gordon 等(2023)基于扩展的资源基础观点强调了商业生态系统中的共同目标和合作竞争,发现合作竞争比共同目标对行为者企业服务创新更有价值,因为它使行为者企业能够从与其他行为者企业的关系中获得重要的资源[20]。Riquelme-Medina 等(2022)首次提供了一种新的有效尺度来衡量合作竞争,揭示了企业如何处理商业生态系统中矛盾的合作竞争逻辑[21]。Burström 等(2022)提出通过战略和运营延展,使企业合作竞争模式从同质竞争关系转变为异质合作关系[22]。与此同时,Jarosław Wątróbski 等

(2016)基于 PEQUAL 方法对电商平台信息服务质量进行了评估[23]。

1.2.2 国内研究现状

关于信息生态的研究。在"信息生态"概念被引入国内之后,国内学者对其内容与体系进行了深化,从不同的视角给出了诠释,使信息生态理论迸发出新的活力,并形成了更加严谨科学的系统结构。李美娣(1998)较早地提出了信息生态的相关概念,指出信息生态是由信息和信息交流所构成的一个生态系统,包括信息的产生、传播、消费和利用等各个环节[24]。陈锡生和袁京蓉(2002)在研究中提出,信息生态是特定范围内信息资源要素(如信息人、信息、信息技术、信息政策、信息基础设施等)及其相互关系的综合体[25]。王东艳等(2003)提出,在信息生态中各种信息形成了相互联系、相互依存的复杂网络,与外部环境进行物质、能量和信息的交换,对个体、组织和社会产生着深远的影响[26]。陈曙(1995、1996)、薛纪珊(2001)、应金萍等(2004)、田春虎(2005)指出,信息生态理论解释了信息、信息主体和信息环境之间的关系[27-31]。张福学(2002)更为具体地提出,信息生态是一个比喻式概念,是整体系统中知识存在的一部分[32]。娄策群(2006)、孙瑞英等(2019)从结构成分上可以将信息生态分为生态链、生态圈、生态位三个宏观部分[33-34]。

随着理论框架的完善,信息生态理论在更多相关研究中得以创新应用。如:①创新生态系统。欧忠辉等(2017)探讨了不同环境下创新生态系统的协同演化,构建了创新生态系统的协同演化模型,并以杭州城西科创大走廊创新生态系统为例,模拟了不同的协同演化合作竞争模式[35]。吴洁等(2019)构建了 Lotka-Volterra 模型,利用新能源汽车专利数据进行实证分析,考察专利创新生态系统中三个主体的协同演化过程,这项研究考察了三个主体在不同共生作用系数组合下专利增长的演化规律[36]。陆绍凯和刘盼(2021)利用 Logistic 动力学模型对重大风险冲击下的创新生态系统进行了演化仿真研究,得到了不同风险冲击下共生进化的平衡点和稳定条件[37];②产业生态系统。陈瑜和谢富纪(2012)描述了光伏产业创新生态系统中生物与非生物成分的相互关系,并分析了复制、合作和重组机制对光伏产业创新生态系统的影响[38]。范太胜(2014)分析了区域低碳产业生态系统内传统产业群落与低碳产业群落之间的三种合作竞争演化过程,并将系统演化路径划分为三个阶段[39]。姚晶晶和孔玉生(2017)在 Logistic 模型的基础上建立了产业集群生态网络合作竞争模型,并通过调整合作竞争系数探讨了企业间的合作竞争模式[40];③商务生态系统。陈明红和漆贤军(2012)利用多主体仿真技术构建了电子商务信息生态系统信息资源配置的多主体模型,采用 NetLogo 模拟展现出电子商务信息生态系统资源配置演化过程,实现了网络信息生态系统的动态平衡和网络信息资源的优化配置[41]。Jin Hao(2016)从 SWOT 和客户关系管理的角度对电子商务经营新模式进行研究,认为电子商务信息生态系统与其联动发展的产业集群内外部环境相互作用、相互影响,并通过接纳成员和更新信息主体,保证系统功能的实现[42]。孙晓阳(2017)通过分析种群内同质协同和种群间异质协同两个子系统的耦合模式,得出煤矿关键物资管理数据生态系统协同结构要素模型中两个子系统各自的协同效益产出测度函数[43]。Jin Yanfei 和 Yu Hongjian(2021)通过分析小红书的用户生成内容供给与商业化需求之间的冲突,构建了社交电子商务平台信息生态系统的内容治理机制,以解决由矛盾引发的诚信、伦理等严重问题[44]。在模型和方法上,研究人员将重点逐步转向探索创新算法和数据驱动模型,以增强整个商务生态系统的研究内容。

随着移动电子商务的日益普及,其热点和趋势分析成为学术界和产业界关注的焦点,关于移动电子商务的研究文章层出不穷。如吴晓波等(2010)对移动商务客户行为进行了全面综述,并从客户接受度、忠诚度和可持续性三个方面对 92 篇文献进行了比较分析[45]。董红磊(2013)从移动商务模式、移动支付、安全认证及相关技术四个方面对移动商务的研究主题进行了总结,并对移动商务未来的发展趋势进行了预测[46]。胡婧(2013)回顾了中国移动商务研究的发展历程,揭示了其发展现状、特点和问题[47]。对于移动商务产业链,尹蔚超(2011)采用信息生态位观念来研究移动商务产业链上企业间的关系[48],然而他所讨论的合作与竞争是纯粹的,并没有反映出矛盾的双重关系。

一些学者采用演化博弈论分析了移动电子商务的合作竞争关系,例如范云翠(2009)利用演化博弈论描述了电信运营商与服务提供商之间长期合作的演化轨迹,利用Stackelberg模型和收益共享契约建立了电信运营商与服务提供商之间的竞争与合作模型,研究了电信产业价值链主体的合作竞争机制[49]。孙舰等(2015)构建了项目合作竞争网络内企业间知识转移与知识保护策略的演化博弈模型,分析了两者动态博弈的均衡点和演化路径[50]。也有少数学者从复杂网络角度分析了移动电子商务的合作竞争关系。例如肖毅和王方(2009)构建了网络信息种群共生动力学模型,利用MATLAB仿真探究共生互利系数对环境容纳量的增大效应和对各网络信息种群的影响状况[51]。卞曰瑭等(2011)基于生产性服务业与先进制造业的内在关系,建立了Lotka-Volterra模型,讨论了合作竞争模式下均衡解的存在性和均衡条件,揭示了生产性服务业与先进制造业在合作竞争关系演化过程中的产业引导、产业延展和产业孵化演化效应[52]。袁烨(2011)在研究企业信息系统重构时,应用Lotka-Volterra方程及演化博弈论构建了信息主体之间的合作竞争模型,指出信息主体之间会由注重粗放型以量取胜的r策略向注重集约型以质取胜的k策略转化,并将长期保持合作与竞争并存的局面[53]。唐红涛和郭凯歌(2020)构建了电子商务企业、平台和政府部门之间的三方演化博弈模型,探究不同因素对各主体演化稳定策略的影响,为电子商务市场有效监管提出对策[54];王辛辛等(2022)通过分析消费者行为对电商其他主体策略选择的影响,构建由政府部门、电商平台、商家以及消费者之间的四方演化博弈模型[55]。此外,在供应链领域也涌现出大量的研究成果。陈欢和马费成(2012)从供应链的角度考察了学术电子期刊中相关学科的竞争机制,并分析了供应链中多个行为体之间的纵向和横向合作竞争关系[56]。Li Wei和Zhao Xuan(2022)强调了合作竞争平衡在供应链中的作用[57]。

近年来,已有学者从信息生态的角度对电子商务的信息服务问题展开研究,为解释信息人和信息环境间的复杂关系提供理论框架。何绍华和窦艳(2010)描述了移动商务信用信息服务中的主体、客体及其关系,揭示了移动商务信用信息服务的过程[58]。洪亮等(2016)以淘宝、京东和亚马逊为例,研究推荐系统的技术架构和热点技术对信息服务质量的影响[59];李宗富(2017)拓展了信息生态学在电子政务新媒体领域的研究应用,探讨了政务微信信息服务模式与服务质量评价[60]。姜明男等(2020)融合信息增益理论,分析各影响因素与在线医疗信息服务质量高低的关联程度,提出了在线医疗信息服务关键影响因素[61]。郭海玲等(2021)构建了跨境电商信息服务生态系统理论模型,探索如何提高跨境电商信息服务机构的信息服务质量[62];马雪纯(2021)将信息生态理论引入智慧医养信息服务质量评价研究中,运用KANO模型进行实证分析,确定信息服务质量的优先级指标[63]。

此外,在区块链、物联网等新兴技术与电子商务结合方面,田世海和韩琳(2013)基于生态位理论建立了物联网商业生态系统中运营商与系统集成商之间的合作竞争演化模型,并利用MATLAB仿真验证了物联网商业生态系统成员之间的竞争是为了更好地合作[64]。Deng Pan 和 Zhong Jing(2018)分析了区块链与电子商务信息生态系统的结合模式,对该模式的结构、各个层面的应用以及常见问题的解决方案进行了全面的研究,构建了基于区块链的电子商务信息生态系统模型来解决当前电子商务信息管理模式的缺陷[65]。ZhuanSun F. 等(2021)结合区块链的定义和技术特点,构建了基于区块链的电子商务信息生态系统模型,探讨如何在区块链背景下实现电子商务的生态平衡和系统演化,针对电子商务生态系统的内在问题提出了三条演化路径[66]。

1.2.3 国内外研究述评

综观国外学者的研究,大量学术成果主要集中于信息生态环境,涉及人、社会环境、信息技术之间的关系,信息传播过程生态问题等,涵盖了国家及组织经济环境、服务行业与电子商务领域融合以及结合新技术等不同角度。通过对国内相关文献的梳理发现,近年来,在我国学者的共同努力下,信息生态理论研究已经形成体系,且研究视野与方法思路呈多样化发展,信息生态理论在电子商务领域的研究也得到了较大发展,拥有大量研究成果。然而,现有的研究还存在许多不足,主要表现在:①大多数研究分析方法相对传统,仅是简单的文献分析和阶段性总结,难以客观地展现移动商务领域的研究热点和发展趋势的变化;②一些研究虽然突破了传统单一的定性分析,尝试与定量分析相结合,但只注重对文献数量的描述性分析和统计分析,内容上往往仅对其系统演化和运行机制进行定性分析,并刻画其结构模型,较少应用数学生态模型研究相关主题;③关于合作竞争关系的研究大都强调构建一个概念框架来描述主体之间的结构性合作竞争模式和策略,且几乎所有关于信息生态视角下的合作竞争关系研究都是基于两个主体的讨论,很少有三个主体的研究;④较少有学者以信息服务为主线,对商务信息生态系统进行体系化的理论与实证应用研究,以往的研究多从影响移动电子商务信息服务质量的因素方面静态地去分析问题,缺少动态视角,信息服务质量跟信息主体决策行为密切相关,更应以动态研究思路去解决问题。

综上,国内外学者已从多个角度对移动电子商务进行了研究,分析了信息生态理论与电子商务相关理论应用交叉融合,其蓬勃发展和丰富的研究成果为本书的写作奠定了理论基础。移动电子商务信息服务的研究重点在于将移动服务与消费者需求连接起来,满足不断变化的商业模式和用户偏好,了解消费者行为的个性化差异,提高用户接受度和采纳程度,增强用户体验和交互设计。本书阐述了基于移动电子商务信息服务的商业模式创新,探索了人工智能、区块链、物联网等新兴技术在移动电子商务信息服务生态系统中的创新应用。这些研究将扩大移动电子商务信息服务的研究视域,使企业不断优化和提升信息服务质量,加强用户个人信息安全保护,促进移动电子商务的发展,提升消费者购物体验,推动商业模式创新。本书也将为学术研究提供理论基础,以期共同推动我国移动电子商务行业的高质量发展。

1.3 主要研究内容

1) 研究现状分析。运用 CiteSpace 软件,结合社会网络分析、共被引分析、共词分析和聚类分析等多种分析方法,从文献计量学角度对近 20 年的国内外有关移动商务问题的研究进行回顾与总结。全面概述移动商务领域的研究视野、研究热点、未来发展趋势。研究结果有助于进一步厘清国内外移动商务的发展历程及研究现状,为进一步探索移动商务的理论和实证研究指明方向。

2) 移动电子商务信息服务相关概念及理论分析。主要阐释移动商务信息服务主体的行为模式,揭示信息服务资源的配置机理。对 Lotka-Volterra 模型进行扩展,构建移动商务信息服务主体合作竞争模型,利用 Python 和 MATLAB 进行合作竞争关系的模拟,围绕信息资源占有及信息服务质量等因素,得出信息服务主体之间合作竞争的信息资源占有量演化趋势曲线。结果表明,移动商务信息服务主体通过恰当的合作竞争模式最终能够实现信息生态系统的稳定和动态平衡,为信息服务资源优化配置提供了理论支持,对于探寻移动商务企业间的最优合作关联模式及竞争激励模式具有重要意义。

3) 移动电子商务用户信息行为模式分析。通过整合信息采纳模型 IAM 和期望确认模型 ECM,构建移动电商用户信息行为转化模型。该模型全面考虑了感知有用性、信息因素、满意度和感知风险等多个关键因素,采用问卷调查收集数据,运用结构方程等方法对用户感知行为进行分析,深入探讨了这些变量对用户信息行为的影响机制。

4) 移动电子商务信息服务创新模式分析。①在对移动商务信息服务模式及其核心构成要素、显著特点、运作过程进行理论分析的基础上,结合云计算、边缘计算的功能,构建了云边协同信息生态系统,对实现云边协同的移动支付流程步骤,云边协同的移动商务信息服务模式及未来发展进行了阐述;②论述了元宇宙在移动电子商务领域的应用场景,在理论分析的基础上,构建移动电子商务元宇宙的信息服务体系,并对基于元宇宙技术的移动电子商务信息服务系统模型进行分析;③阐述了物联网促进移动商务信息服务模式创新,主要包括智慧城市、智慧旅游、人工智能、智能制造、数字孪生等场景赋能的移动电子商务信息服务模式创新;④阐述了区块链的构成要素、工作原理、核心特点、应用场景等,在理论分析的基础上,构建了基于区块链技术的移动支付系统,根据非同质化代币具备的功能,提出了未来移动商务信息服务的创新模式。

5) 移动电子商务信息服务高质量发展策略。从环境优化策略、交互提升策略、多元主体共治策略等三个方面,对移动电子商务信息服务高质量发展进行了论述。

1.4 主要研究方法

本书在研究方法上,采用实证研究、问卷调查等定量和定性相结合的研究方法,综合运用管理学、情报学、经济学、生态学等学科知识及大数据分析、人机交互等技术手段,深入探讨移动电子商务信息服务相关问题,主要研究方法如下。

1.4.1 文献综述法

本书采用科学知识图谱方法对2000—2022年间有关移动商务领域的学术研究成果进行研究。通过数据挖掘、信息处理、知识计量和图形绘制等方法,以清晰的语义表达总结学者们在移动电子商务领域20年来的研究成果及动态发展规律,绘制科学知识图谱,从而全面了解移动电子商务的发展现状。

1.4.2 问卷调查法

本书采用问卷调查法进行数据搜集。在理论分析的基础上,提出研究模型,进而对研究对象进行调查问卷设计,以及对目标对象的问卷调查和数据收集,搜集到的资料将供随后研究和分析所用。

1.4.3 跨学科研究法

本书运用系统论、信息生态学、管理学、应用数学、图形学、计算机信息科学、信息技术等相关学科理论和方法,采用跨学科、多角度的系统分析方法,为思路开拓和理论创新创造条件。通过应用多学科理论、思想、技术、方法与经验成果等,针对主题开展多方面的研究。

1.4.4 统计分析法

本书使用采集到的资料,应用信效度检验、因子分析和结构方程模型等方法,根据已有研究中的量表设计了测量模型,通过基于最大似然估计的结构方程模型对假设关系进行验证。通过比较模型的实际数据与理论模型的拟合情况,确定理论假设是否与实际数据一致。

1.4.5 数量分析方法

通过整合相关研究的结论,改进与扩展 Lotka-Volterra 模型,在移动商务信息服务生态系统运行环境下,对方程组的各变量赋予新的内涵,探讨移动商务信息服务主体之间的合作与竞争关系,利用 MATLAB 及 Python 进行仿真模拟实验,通过调整各项参数指标,考察这些参数对系统中信息资源配置影响的规律。

第 2 章　移动电子商务文献计量可视化分析

随着移动通信技术的不断进步和智能移动终端的广泛应用,对移动商务的研究迅速增多。为了促进移动商务领域的进一步可持续发展,对已有的研究文献进行文献计量可视化分析是非常必要的。

2.1　研究工具与数据

2.1.1　科学知识图谱

用传统的研究方法,如描述性分析法和统计分析法来探索一个领域的核心问题时,需要投入大量的时间和精力来查阅大量的文献[67-68]。科学知识图谱方法可以有效地克服数据处理效率低、数据筛选困难等不足。本书采用科学知识图谱方法对2000—2022年移动商务领域的学术研究成果数据进行处理。将应用数学、图形学、计算机信息科学、信息可视化技术等学科的理论和方法与科学计量学中的共被引分析和共现分析方法相结合,运用可视化图形来展示科学计量学核心结构、发展历史、前沿领域和一门学科的整体知识框架,以达到多学科整合的目的。通过数据挖掘、信息处理、知识计量和图形绘制等方法,展现复杂的知识领域,以清晰的语义表达揭示知识领域的动态发展规律,为科学研究提供实用和有价值的参考,具有系统性、全面性、连贯性、清晰性、科学性、准确性、概括性和简洁性等优点。本书采用最具特色和影响力的信息可视化分析软件之一 CiteSpace 6.2. R2[69-70] 绘制科学知识图谱,从而全面探索移动商务发展的整体前景。综合运用社会网络分析、共被引分析、共词分析、聚类分析等科学知识图谱技术,以可视化的方式全面展示移动商务研究的研究热点、演变和发展趋势。

社会网络分析(Social Network Analysis,SNA)是一种量化行为主体之间关系的社会学研究方法。研究对象之间是否存在合著关系以及合著关系的程度不能凭直觉判断,而应放在社会关系中,更多地关注成员之间的联系,而不是个体特征。本书通过国家/地区、机构和作者共现图谱来体现社会网络关系,通过词频和中心性排序来体现研究对象在移动商务领域的贡献,从而了解移动商务的整体研究现状。合著现象本质上是研究主体之间科研合作的直接表现。

2.1.2 数据收集

Web of Science(WoS)核心合集数据库是世界知名的引文索引数据库,收录了近百年来自然科学、社会科学、人文艺术等领域的世界级学术期刊的书目数据。WoS 在参考文献、索引和研究者关系的完整性方面具有其他数据库无法比拟的独特优势。它通过完整的引文网络将出版物和研究人员与各个学科的数据库连接起来,打破了传统学科分类的界限,揭示了某一学科的传承和发展的历史脉络,反映了学科之间的交叉渗透关系,同时也是 CiteSpace 首选的数据库平台。CiteSpace 软件处理的数据格式也是基于 WoS 数据下载格式。

检索于 2023 年 5 月 10 日进行。在文献检索的"Topic"中使用 mobile commerce,mobile business,m-commerce,m-business 作为检索关键词,将时间跨度设定为"2000—2022",因为这段时间涵盖了移动商务从兴起到发展的全过程,越来越多的人在这段时间通过移动支付享受到了网上购物等商务活动的便利。检索式设置为:TS =("mobile commerce" or "mobile business" or "m-commerce" or "m-business") AND LA =(English) AND PY =(2000—2022)。对收集到的总计 2 278 个相关结果进行仔细检查和筛选,消除无用信息。仅保留研究论文、会议论文和综述论文,不包括书评、信件、新闻和编辑材料等,与移动商务无关或不涉及移动支付、移动用户等相关概念的成果也排除在外。最后,保留 2 266 个有效结果作为文献样本。

2.1.3 数据分析方法

共被引分析是文献计量学中最常用的结构方法之一,包括参考文献、参考作者和来源期刊的共被引。一个领域所有文献的参考文献集合是该领域的知识库,其中被引频次高的文献(即该领域的核心或关键文献)通常被认为包含更多核心概念和知识,价值更高。如果两篇文献同时出现在第三次被引文献的参考书目中,则这两篇文献形成共被引关系。挖掘参考文献空间数据集的共被引关系的过程可以看作是参考文献的共被引分析。同样,对共被引作者和共被引期刊的分析,也是为了通过共被引频次进一步确定对研究领域有重大影响的核心作者和核心期刊。

共词分析是一种内容分析方法,于 1983 年由 Callon 等人提出,用于分析同一文献中一组词语的共现关系和共现强度,反映词语之间的联系,揭示某一研究领域的内部结构和变化趋势。其原理是:一篇文档的主题可以通过一系列反映该文档核心内容的关键词来概括,其出现的频率反映了该主题的重要性。因此,两篇已发表的论文中相同的关键词越多,主题就越相似。共词分析的理论基础是心理学的相邻关系规律和知识结构映射原理。根据这一原理,两个词之间的相关性可以通过同时感知到的两个词的相对频率来衡量。词汇之间的相关性强弱决定了语言使用过程中词汇的选择。

聚类分析被广泛应用于许多领域,包括机器学习、模式识别、数据挖掘和图像分析。将相似的对象划分为不同的组或多个子集,使同一聚类中的对象具有显著的同质性,而不同聚类中的对象具有显著的异质性。本书利用 CiteSpace 的聚类功能进行文献共被引分析和关键词共现分析,更加客观高效地识别移动商务领域的热点和趋势。

2.2 可视化分析

2.2.1 移动商务发文量和引用频次概述

文献数量在时间维度上的反映,有利于从定量的角度了解移动商务领域的研究进展和划分研究阶段,在一定程度上可以体现移动商务研究的发展水平。

图 2-1 显示了近 20 年来发表的移动商务文献的发表数量和被引频次,总体上两个指标发展趋势均是上升的。

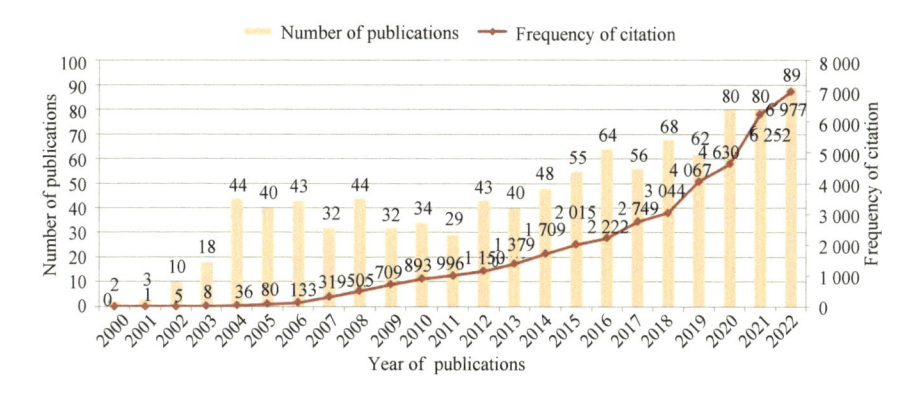

图 2-1 2000—2022 年移动商务论文发文和引用趋势

从发文数量看,在 2000—2003 年间,由于移动电子商务领域尚处于起步阶段,每年的发表数量不足 20 篇。近三年(2020—2022 年),由于网络技术的快速发展和移动设备在各个领域的应用越来越多,年发表数量达到 80 余篇。发文量的整体增长表明学者们对移动商务的研究越来越重视。然而在此期间出现了一些波动,如 2004—2006 年,发文量保持相对稳定,2007 年下降到 32 篇,2008 年回升到 44 篇,2009—2011 年又回落到 30 篇左右。2012 年以后,发文量保持稳定增长,产生波动的原因可归于全球金融危机期间研究经费的波动、研究政策的变化或该领域内研究重点的转移。

从引用频率看,在过去的 20 年里,引用频率总体上急剧增加,这表明学术界对移动商务研究的兴趣和影响迅速增加。从2000年到2006年,这些文章的被引频次都很低;2007年以来,论文被引频次显著增加,尤其是2012年以后,几乎呈指数级增长;被引频次的最大飞跃出现在2021—2022年,被引频次分别达到6 252次和6 977次。这一增长不仅反映了论文多年来的累积效应,也表明了该领域知识扩展和新话题出现的总体趋势。近年来引文数量的急剧上升归因于研究文章的可访问性和研究人员之间通过数字平台交流机会的增加。

综合来看,这两个指标的上升趋势表明了这一研究领域的重要性日益增加,表明人们对移动商务研究的兴趣将在未来几年继续扩大。随着研究的不断推进和技术的进一步发展,有必要保持对这些趋势的认知,以充分了解移动商务研究的发展前景。

2.2.2 国家/地区

CiteSpace提供了三个层面的科研合作网络分析:宏观层面的合著国家/地区网络、中观层面的合著机构网络和微观层面的合著作者网络。在科研合作网络中,节点代表研究主体(即国家/地区、机构、作者),其大小与研究主体的发文量呈正相关。不同节点之间的链接代表了节点之间的科研合作关系,而链接的粗细与研究对象之间的合作强度呈正相关。此外,一个节点的年轮环数越多,该研究课题的研究持续时间就越长。

图2-2展示了移动商务研究中各个国家/地区之间的科研合作网络。应用CiteSpace分析的参数g-index为$k=10, LRF=3.0, L/N=10, LBY=5, e=1.0$,得到112个节点(国家/地区)和123条边(协作链接),网络密度为0.019 8。

从大陆分布来看,移动商务研究较为深入的国家和地区主要分布在亚洲、北美洲、欧洲和大洋洲,非洲和南美研究相对薄弱。其中,亚洲以中国、韩国、印度和马来西亚的强劲表现脱颖而出,成为主要贡献者。中国大陆以574篇论文排名第一。北美洲紧随其后,美国占据首位。欧洲在这一研究领域也发挥着至关重要的作用,德国、英国和西班牙是主要贡献者。来自大洋洲的澳大利亚是主要贡献者。图2-2显示,中国和美国是最大的节点,表明它们在移动商务研究领域的主导地位。

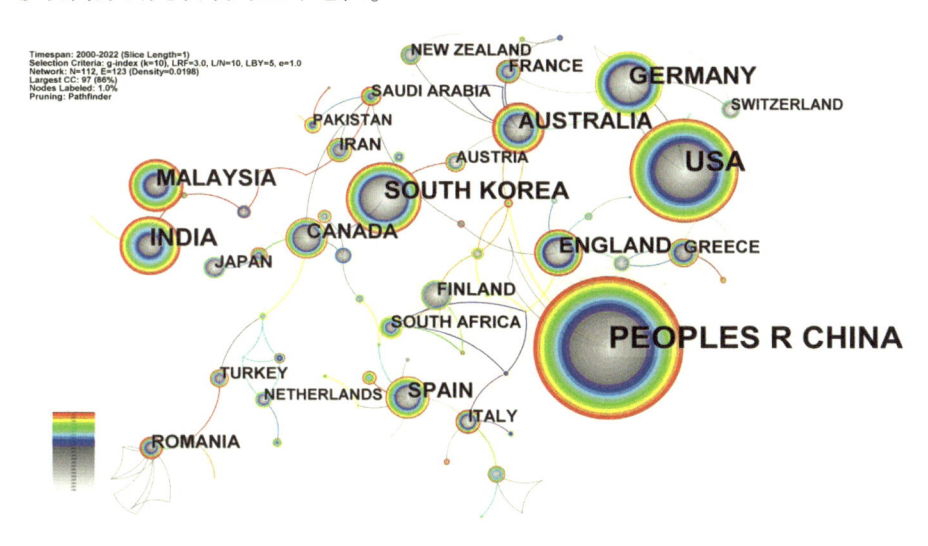

图 2-2 移动商务研究的国家/地区科研合作网络

Pathfinder 修剪方法用于细化网络,只保留国家/地区之间最相关的连接。从中心性的角度来看,很少有国家/地区表现出明显的强协作关系,以连接其节点的边的粗细来表示,突出了它们之间的弱互联性。这些国家/地区大多处于相对孤立的状态,未来与国外合作研究的潜力很大。网络中的最大连通子图(Largest Connected Component,LCC)包括 97 个节点(占总数的 86 个),体现了全球移动商务研究合作的广泛性和相互交织性。然而总体网络密度为 0.019 8,相对较低,这表明大多数国家/地区对移动商务的重视程度还不够,在促进不同国家/地区在这一研究领域的合作方面还有较大的改进空间。

参与移动商务研究的排名前十的国家/地区的发文量如表 2-1 所示。这些国家/地区拥有不同的背景和技术专长,是该领域科研合作的重要枢纽,对移动商务研究的知识进步做出了重大贡献。

表 2-1　发文量前十的国家/地区

国家/地区	发文量	国家/地区	发文量
中国大陆	574	印度	126
美国	290	澳大利亚	92
中国台湾	258	马来西亚	91
韩国	137	英国	85
德国	131	西班牙	71

2.2.3　机构

移动商务研究机构间的科研协作网络如图2-3所示。该网络包括310个节点和83条边。网络密度(0.001 7)非常稀疏,表明机构之间的沟通或合作严重缺乏。

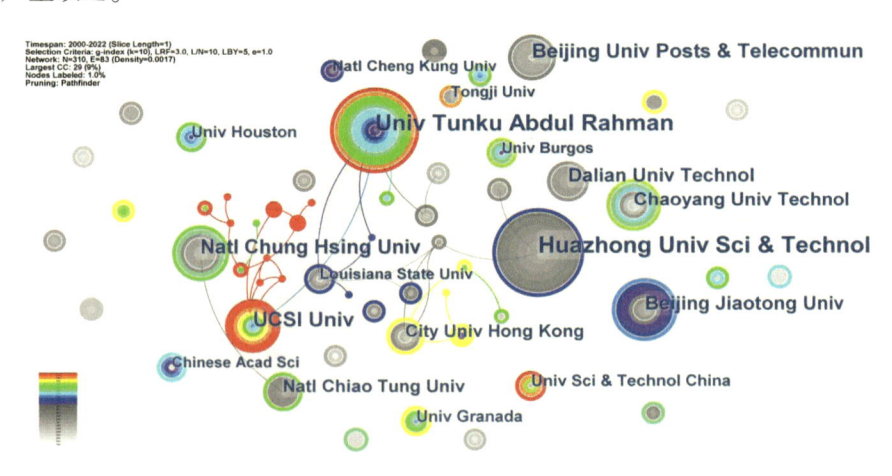

图 2-3　移动商务研究的机构科研合作网络

发文量排名前十的机构如表2-2所示,排名前十的研究机构中,有5家位于中国大陆,3家位于中国台湾,2家位于马来西亚,可见中国在移动商务研究领域的重要地位。马来西亚的拉曼大学发表的论文数量最多(27篇),中国的华中科技大学其次(26篇)。另外可以明显发现机构之间的合作有限,只有9个节点组成了LCC。这意味着可能有机会促进这些主要机构之间的相互作用,从而促进这一领域的知识和思想交流,因此有必要加强机构间合作,以推进移动商务领域的范围扩展。

表 2-2 移动商务研究发文量前十的机构

机构	发文量	机构	发文量
Univ Tunku Abdul Rahman(拉曼大学)	27	Dalian Univ Technol(大连理工大学)	15
Huazhong Univ Sci & Technol(华中科技大学)	26	Beijing Jiaotong Univ(北京交通大学)	15
UCSI Univ(思特雅大学)	19	Chaoyang Univ Technol(朝阳科技大学)	13
Beijing Univ Posts & Telecommun(北京邮电大学)	17	Natl Chiao Tung Univ(台湾交通大学)	12
Natl Chung Hsing Univ(台湾中兴大学)	16	City Univ Hong Kong(香港城市大学)	12

2.2.4 作者

一个学科或研究理论的方向可以通过有影响力的作者群体来表征,这些作者群体总体上反映了该学科或研究活动理论的基本状态[71]。

移动商务研究领域作者的科研合作网络如图 2-4 所示,这个网络有 387 个节点和 241 条边,网络密度仅为 0.003 2,与机构网络密度一样松散。LCC 仅包含 10 个节点,仅占整个网络的 2%,表明该领域作者之间的合作相对较少。

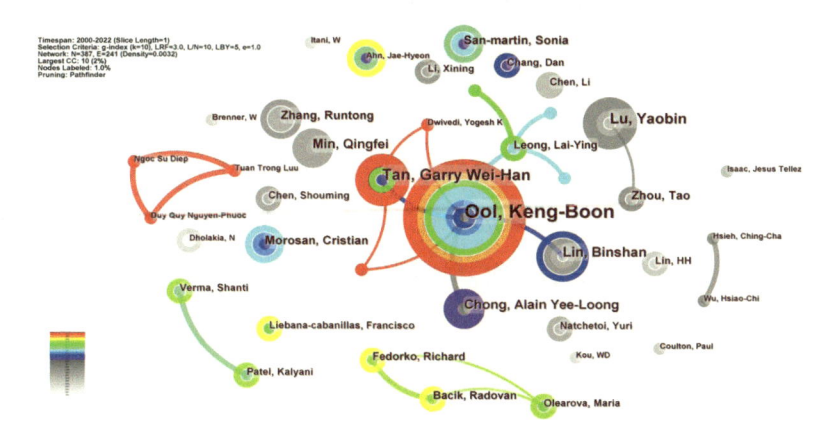

图 2-4 移动商务研究的作者科研合作网络

如表 2-3 所示,该领域排名前十的作者的研究影响各不相同,其中 Ooi

Keng-Boon 在发文数量上领先(23 篇),其次是 Tan Garry Wei-Han(11 篇)和 Lu Yaobin(9 篇),其余对该领域贡献较大的作者,每人发表了 6—8 篇论文。

表 2-3 移动商务研究发文量前十的作者

作者	发文量	作者	发文量
Ooi Keng-Boon	23	Chong Alain Yee-Loong	7
Tan Garry Wei-Han	11	Zhou Tao	6
Lu Yaobin	9	Zhang Runtong	6
Lin Binshan	8	Morosan Cristian	6
Min Qingfei	7	San-martin Sonia	6

尽管存在个人的影响力因素,但网络中明显的作者合作的分散性质表明,移动商务领域的主要研究人员之间存在着改进整合与合作的潜力。

2.3 共被引分析

2.3.1 引文

对移动商务领域高被引文献的记录进行共被引分析,可以反映核心概念之间的关系,最终得到该领域价值最高的一些知识聚类,即"知识库"。知识库是由科学文献引文和共被引轨迹组成的共被引网络,可以追溯有影响力的移动商务基础文献,分析移动商务研究的主要内容和相互关系,分析未来发展趋势,厘清移动商务研究的演进。通过计算和分析一组高被引文献中同一篇文章中每两篇文献的被引频次,得到文献共被引矩阵,并对标准化的共被引矩阵进行聚类分析,有效地识别该领域的核心知识。

移动商务领域引用次数排名前十的参考文献如表 2-4 所示,这些关键文献不仅为该领域提供了有价值的见解,也提供了理论框架和实际应用方法。高引用的参考文献主要涉及诸如影响消费者行为的因素、移动购物趋势和移动商务技术方面等主题。例如,Chong 等(2012)以及 Wu 和 Wang(2005)针对消费者对移动商务的接受度进行了广泛的研究,两篇论文都采用了技术接受模型来指导他们的调查。此外,Venkatesh 等人(2013)扩展了现有的技术接受与使用统一理论(Unified Theory of Acceptance and Use of Technology,UTAUT)框架,更好地理解消费者对信息技术的接受与使用。

表2-4 移动商务研究被引用次数前十的参考文献

作者、年份	引用次数	研究问题	研究方法	研究发现
Chong et al. (2012)[72]	43	预测中国和马来西亚消费者采用移动商务的决定	结构方程模型	对TAM和DOI模型进行了扩展,并对新增加的信任和多服务等变量进行了描述。有一些控制变量,如教育水平和性别
Varshney and Vetter (2002)[73]	36	移动商务的框架、应用和网络支持	文献综述	确定了移动商务的关键组件和体系结构,并讨论了有效部署的各种应用和需求
Venkatesh et al. (2013)[74]	36	如何提高移动商务的可用性	结构方程模型	顾客的界面体验可以创造良好的顾客感官满足
Wu and Wang (2005)[75]	36	移动商务中技术接受模式的关键驱动因素是什么	结构方程模型(SEM),修正技术接受模型(TAM)	发现感知易用性和感知风险对行为意向有显著影响
Chong (2013a)[76]	34	理解和预测移动商务采用的决定因素	结构方程模型-神经网络方法	预测并验证了移动商务采用的决定因素,包括有用性、易用性和社会影响
Liebana-Cabanillas et al. (2017)[77]	34	预测移动商务接受度的先决条件	结构方程模型-神经网络方法	建立了感知有用性、主观规范、自我效能和易用性之间的关系,以决定移动商务接受度

续表 2-4

作者、年份	引用次数	研究问题	研究方法	研究发现
Chong (2013b)[78]	32	预测移动商务采用的决定因素	UTAUT，神经网络	通过扩展 UTAUT 模型，证明使用神经网络检验移动商务采用预测因素的稳健性和有效性
Ngai and Gunasekaran (2007)[79]	32	移动商务研究与应用的文献综述	文献综述	对移动商务应用的相关文献进行了综述，并提出了未来的研究方向
Wang et al. (2015)[80]	29	移动购物如何影响顾客的购买行为	元分析，生存分析，Beta 回归	移动购物影响顾客的店内购买，推动更深层次的参与、忠诚度和跨渠道协同效应
Agrebi and Jallais (2015)[81]	28	解释使用智能手机进行移动购物的意图	技术接受模型（TAM）、结构方程模型（SEM）	智能手机的使用受到感知有用性、感知易用性、信任、消费者创新和对移动购物的态度的影响

Chong(2013a,2013b)和 Liebana-Cabanillas 等人(2017)的论文中应用了新的分析方法，即结构方程建模(SEM)和神经网络技术，这些先进的统计定量方法提供了创新的工具来识别和预测推动移动商务发展采用的因素，为文献的累积增长和应用做出了重大贡献。Ngai 和 Gunasekaran(2007)对移动商务研究进行了全面回顾，确定了未来的研究机会。Varshney 和 Vetter(2002)则深入研究了移动商务的框架、应用和网络支持。这些研究强调了在技术快速发展的情况下，维持移动商务基础理论构建的重要性。在 Agrebi 和 Jallais(2015)以及 Wang 等人(2015)的研究中更关注移动用户的手机购物行为，这种对移动购物的重视反映了智能手机重塑消费者行为和全球零售业发展的深刻方式。

移动商务研究参考文献共被引网络聚类如图 2-5 所示，利用 LLR 算法从被引文献的标题、关键词和摘要中提取标称术语，形成聚类名称。共被引网络共包含 582 个节点(参考文献)和 835 个边(共被引关系)，共检测到 17 个聚类。网络密度(0.004 9)略显稀疏，但 LCC 包含 453 个节点，相当于整个网络的77%。聚类模块 Q 值为 0.881 8,远远超过 0.3 的标准,表明聚类结构极其合理。加权平均剪影 S 值为 0.944 3,表明每个聚类质量可靠。Q 和 S 的调和平均值为 0.912,表明网络定义良好,鲁棒性强,具有明显可识别的簇。这种深入的可视化,采用了 Pathfinder 修剪技术,有效地突出了移动商务领域的主要研究集群。

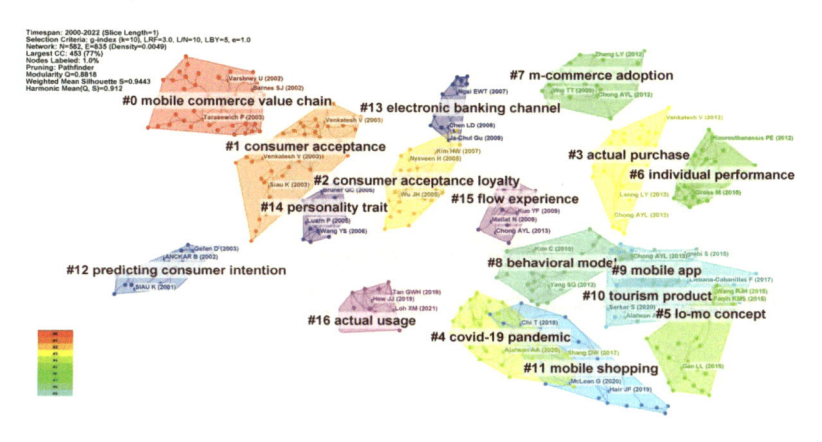

图 2-5　移动商务研究参考文献共被引网络的聚类视图

以"移动商务价值链"为中心的集群#0 是最大的集群,有 41 个成分,主要以 Ngai 和 Gunasekaran(2007)的开创性综述为代表,该综述对移动商务领域的后续研究和应用产生了重大影响。集群#0 中被高度引用的文献深入研究了整个移动商务生态系统,并探索了成功实施和货币化移动商务解决方案的基本组成部分。它们都阐明了价值链的不同方面,包括技术基础设施、战略整合和以用户为中心的设计,有助于全面理解移动商务的价值创造和交付。

集群#1"消费者接受度"、集群#2"消费者接受度忠诚度"和集群#7"移动商务采用度"调查了驱动个人接受移动商务服务的潜在因素。这些主题强调了用户特定偏好在推动移动商务采用和保留方面的关键作用,并得到了技术接受模型(TAM)等强大理论框架的支持。集群#1 中的代表 He 和 Lu(2007)阐明了移动业务接受的集成框架,该研究巧妙地理清了影响消费者使用移动商务服务意愿的相关因素,促进了对消费者行为的更好理解[82]。集群#2 中的代表Varnali和Toker(2010)提供了移动营销研究的最新概况,有助于描述消费者接受度和客户忠诚度之间的关系,是决定移动商务企业长期成功的关键因素[83]。集群#7中的代表Zarmpou等人(2012)为用户接受移动服务提供了一个全面的模型,并强调了影响移动商务采用率的潜在因素,对于制定有针对性的策略提高采用率至关重要[84]。

其他集群关注了消费者行为的细微差别,如集群#3"实际购买",集群#11"移动购物",集群#12"预测消费者意图"。这些主题揭示了移动商务交易中消费者决策过程的实际方面,揭示了风险感知、信任发展和行为意图,对设计移动商务策略有很大的帮助,与移动用户不断变化的需求和偏好产生共鸣。在集群#3中,Marriott和Williams(2018)通过理论框架和实证研究深入研究了消费者在移动购物中的感知风险和信任[85],为降低风险认知和产生信任提供了有价值的见解,对于推动移动商务领域的实际购买行为是必不可少的。在集群#11中,Ngubelanga和Duffett(2021)从扩展的技术接受模型(TAM)的角度对千禧一代(00后)中移动商务应用的客户满意度进行了建模,该模型强调了解决这一代人特定需求和偏好的重要性,并为针对重要目标人群定制移动商务解决方案提供了指导[86]。在集群#12中,Luarn和Lin(2005)调查了使用手机银行的行为意愿,强调了意愿和使用之间的关键关系,以推动移动服务的采用[87]。

标记为"covid-19 pandemic"的集群#4强调了疫情传播对移动商务发展的影响,反映了当前市场快速变化带来的挑战和影响。虽然集群#4中被引用次数最多的文章可能没有直接涉及新冠疫情,但其对移动购物和客户满意度等方面的关注可能会引起人员的共鸣,因为在这一时期移动商务的使用因疫情而加速。例如,Alalwan(2020)调查了手机银行服务和功能对用户满意度、信任、忠诚度和推荐意愿的影响。该研究提出了一个全面的模型,可以在新冠疫情背景下使用,因为金融机构在封锁和隔离措施中越来越依赖移动商务来提供非接触式银行服务[88]。新冠疫情传播主要出现在该集群高被引论文中,移动商务采用的加速以及企业在疫情期间适应和加强服务的需求日益增加,是这些文章在集群#4中占据突出地位的原因。

集群#5"Lo-Mo概念"以Marriott和Williams（2018）的有影响力的论文为代表，强调了基于位置的移动商务服务在塑造消费者移动购物体验方面的重要性。相比之下，集群#6中"个人表现"和集群#14中的"个性特征"强调了用户特定属性在推动移动商务解决方案的接受和广泛使用方面所起的关键作用。例如，Yeh和Li（2009）将移动商务中的信任建立与质量和满意度联系起来，强调消费者特征和服务质量在促进信任方面的作用[89]。

"行为模型"是集群#8的焦点，Liebana-Cabanillas等人（2017）的论文为移动支付系统的年轻用户建立了一个行为模型，为优化针对这一人群的营销传播和移动服务提供了至关重要的见解。Varnali和Toker（2010）在集群#13中"电子银行渠道"中重新出现，他们对移动营销研究范围的见解包括电子银行服务，这是移动电子商务的一个快速新兴领域[83]。Zhou和Lu（2011）强调了"流体验"的重要性（集群#15），阐明了使移动商务体验具有吸引力和以用户为中心的行为模式[90]。此外，Yaw等人（2022）强调"实际使用"（集群#16）是决定移动商务平台成功的关键因素，强调企业需要通过实用和用户友好的功能来专注于吸引和留住用户[91]。

这些集群共同体现了移动商务研究的多面性，强调了真正掌握和利用该领域复杂性所必需的跨学科方法。这些集群中丰富的学术贡献揭示了移动商务研究领域是充满活力和多方面的主题。这些主题领域强调了对适应性和创新性研究方法的持续需求，以适应移动商务领域的动态发展。

同一簇中的文章放在同一水平线上，17个关键簇从上到下排列，从图2-6可以清楚地看到每个聚类的文献数量和研究的时间宽度，一个集群中文献的数量与该集群区域的重要性呈正相关，时间跨度与该集群的持续时间呈正相关，通过比较各文献在时间轴上的时间跨度，可以分析该领域不同时期研究的兴衰。

在图2-6中，节点大小与文献被引频次呈正相关。颜色梯度反映了时间轴的进展，灰色代表早期的研究，红色代表最近的研究，根据颜色的变化，移动商务研究的时间跨度可以分为三个时间阶段：

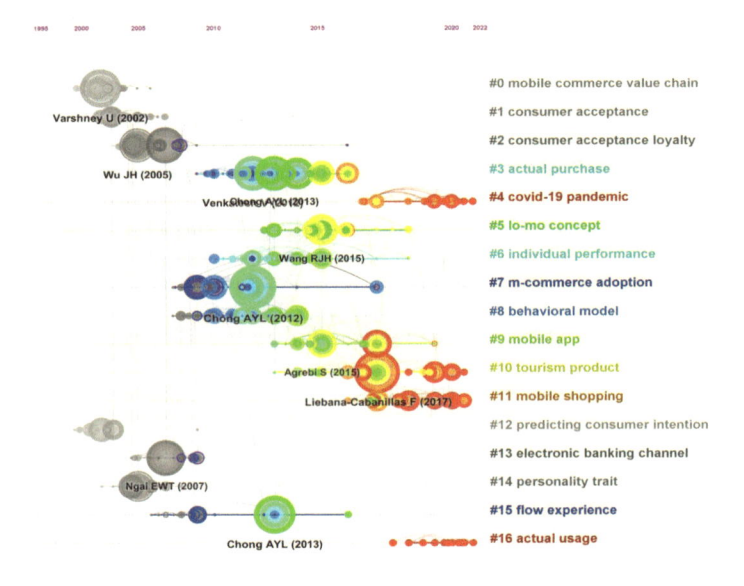

图 2-6　移动商务研究参考文献共被引网络的时间线视图

以集群#0、#1 和#2 为代表的早期研究通过建立价值创造、以用户为中心的方法和理论模型,如技术接受模型(TAM)等,为移动商务研究奠定了基础。这一开创性阶段还见证了电子银行(#13)、个性特征(#14)和预测消费者意愿(#12)等关键主题的出现,表明了一个集中和有凝聚力的研究方向。

中期研究包括#3、#5 和#7 等集群,通过对消费者行为、创新概念和采用策略的实质性探索,反映出该领域的成熟。行为模型(#8)和流体验(#15)等主题进一步证明了移动商务研究的多面性、互联性和动态性,受益于心理学和用户体验设计的广泛讨论。

最近的研究阶段集中体现了移动商务的快速变化,集群专注于新冠肺炎大流行(#4)、移动应用程序开发(#9)和旅游产品(#10)等新兴主题。这一阶段揭示了高度动态和行业响应的主题,如移动购物(#11)和实际使用模式(#16),概括了技术、学术和实践之间不断发展的相互联系。

总体而言,图2-6不仅描绘了移动商务研究的时间分布和主题演变,还揭示了基础研究、中期探索和新兴趋势之间的潜在关系。

2.3.2 引文作者

在移动商务研究领域,参考文献作者共被引网络如图2-7所示,高被引前10位作者如表2-5所示。其中,被引频次最高的两位作者是Venkatesh V.(397次)和Davis F. D.(390次),他们主要贡献了技术接受模型(TAM)和技术接受与使用统一理论(UTAUT),这些模型为移动商务的研究奠定了理论基础。

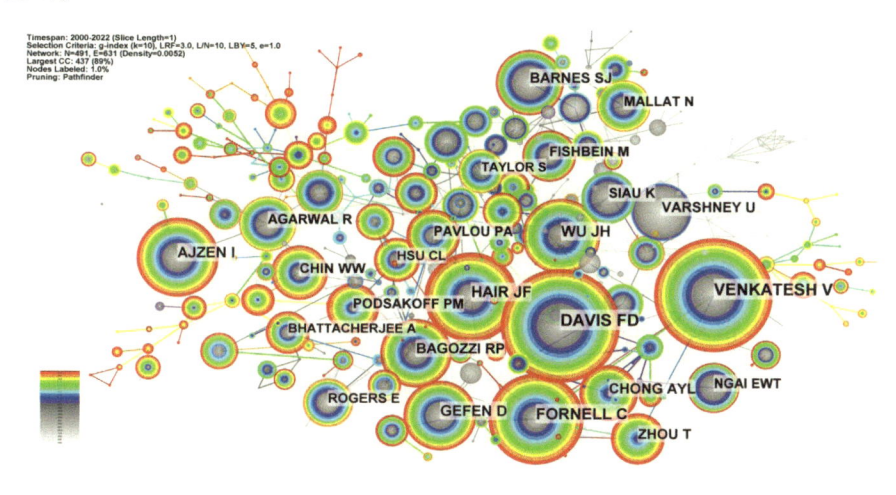

图2-7 移动商务研究引文作者的共被引网络

首先,Davis(1989)基于理性行为理论(Theory of Reasoned Action,TRA)提出TAM来描述信息系统的用户接受程度,揭示了决定用户接受程度的一般影响因素[92]。创造了以用户为中心的移动商务研究方法,阐明了感知有用性和感知易用性在用户意图和实际行为中的作用。随后,Venkatesh和Davis对TAM进行了理论延伸,发现社会影响过程(主观规范、自愿性、形象)和认知过程(工作相关性、输出质量、结果可见性和易用性感知)对用户接受度都有显著影响[93-94]。同时,Venkatesh和Morris(2000)发现,在技术接受度上,性别之间存在显著差异[95]。此后,TAM在学术界得到了广泛的认可,其研究和应用也逐渐扩展到不同的领域。此外,Venkatesh et al.(2003)通过实证比较提出了 UTAUT 模型,该模型整合了几种技术接受模型,对用户行为提供了更全面的解释,有利于移动商务在用户采用和偏好方面的研究[96]。被引用频率排名第三的 Fornell, C. 提出顾客对品牌的偏好会影响他们的满意度[97-98]。

表2-5 引用数量居前十的引文作者

引文作者	引用数量	引文作者	引用数量
Venkatesh V.	397	Wu J. H.	186
Davis F. D.	390	Gefen D.	182
Fornell C.	278	Varshney U.	156
Hair J. F.	258	Chong A. Y. -L.	154
Ajzen I	199	Bagozzi R. P.	154

2.3.3 引文期刊

移动商务领域排名前十的高被引期刊如表2-6所示,期刊共被引网络如图2-8所示。相关期刊的分布和共被引关系反映了移动商务领域核心期刊的结构和知识的吸收与扩散。这些知名期刊在传播高质量和有影响力的研究方面发挥了重要的作用,为移动商务作为一个多学科领域的发展和进步做出了贡献。

表2-6 引用数量居前十的引文期刊

引文期刊	引用数量	引文期刊	引用数量
MIS Quarterly	644	*Information Systems Research*	442
Information & Management	531	*Journal of Marketing Research*	428
Communications of the ACM	501	*Journal of Business Research*	423
Decision Support Systems	497	*Management Science*	406
Computers in Human Behavior	480	*Journal of the Academy of Marketing Science*	393

MIS Quarterly 以其在管理信息系统方面的严谨研究而闻名,它在移动商务领域的突出作用归功于提供尖端的管理见解、采用策略和技术进步。*Information & Management*,*Decision Support Systems* 和 *Communications of the ACM* 是

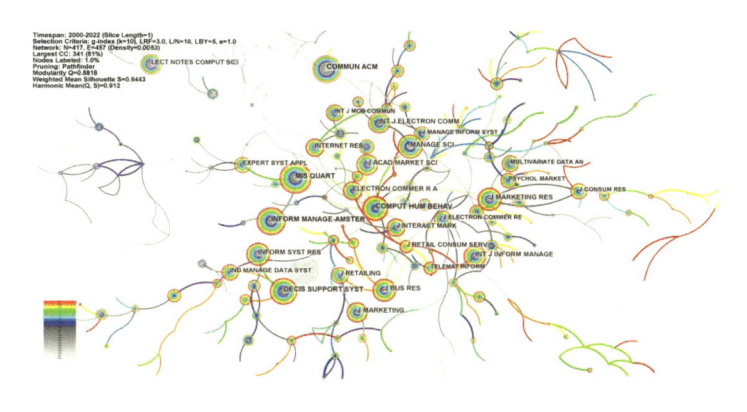

图 2-8　移动商务研究引用期刊的共被引网络

移动商务研究的关键来源,重点关注消费者行为、安全问题、用户体验设计和移动技术创新等关键主题。这些期刊促进了多学科的讨论,弥合了学术界和工业界之间的差距。*Computers in Human Behavior* 和 *Information Systems Research* 是探索移动商务的心理、社会和文化维度的重要平台,促进了对用户动机、偏好和影响移动商务解决方案采用和使用的障碍的理解。*Journal of Marketing Research*、*Journal of Business Research*、*Journal of the Academy of Marketing Science* 和 *Management Science* 等期刊通过调查移动商务背景下与移动营销、消费者参与和客户关系管理相关的独特挑战和机遇,对移动商务文献做出了重大贡献。这些被高度引用的期刊登载的有关文章,不仅反映了该领域的重要研究方向,为移动商务的研究做出了重大贡献,也为移动商务领域的学者提供了重要的知识来源。不同的关注领域和跨学科的性质,证明了在快速发展的移动商务领域中,全面理解技术、商业和社会之间复杂的相互作用的重要性。

2.4　研究热点分析

2.4.1　共词分析

文献中的关键词反映了其研究主题,单词的频率越高,受到的关注就越多。因此,高频关键词可以代表某一领域的研究热点。本书通过词频和中心性分析移动商务研究的重点和热点。

在关键词共现网络中(图2-9),关键词共现频率越高,说明它们之间的关系越强,距离越近,从而进一步表明它们所属的研究热点[99]。每个关键词用一个节点表示,节点的大小对应着关键词在移动商务研究文章中出现的频率。节点之间的线的厚度与它们之间的链接的强度成正比。mobile commerce,m-commerce 和 commerce 作为本研究的基本关键词,并不能较好地反映具体的研究热点,因此在后续分析中不作讨论。

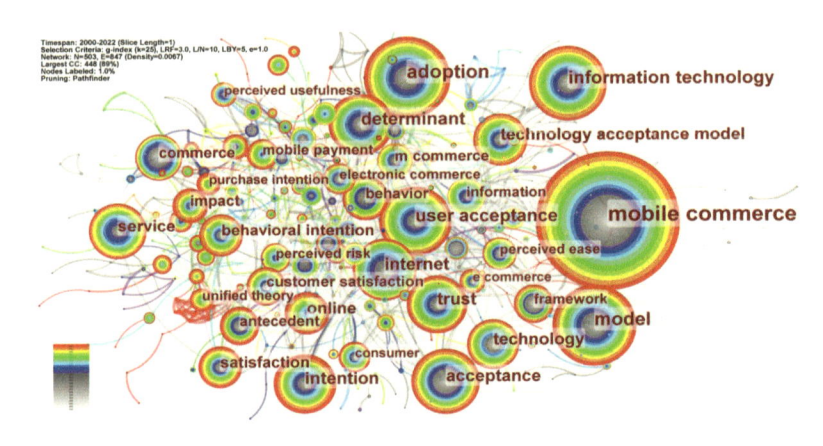

图 2-9 移动商务研究的关键词共现网络

移动商务研究领域的中心主题涉及用户接受、采用和行为意图。adoption（采纳）、trust（信任）、satisfaction（满意）、user acceptance（用户接受）、accpetance（接受）、behavior（行为）、intention（意图）和 behavioral intention（行为意图）这几个词的同时出现,表明学者们非常关注于研究信任如何影响用户采用移动商务解决方案的意愿,以及心理建构在塑造其决策过程中的作用。

表 2-7 移动商务研究前 20 个共现关键词

关键词	共现频率	关键词	共现频率
mobile commerce	356	service	89
adoption	162	technology acceptance model	84

续表 2-7

关键词	共现频率	关键词	共现频率
model	150	technology	83
information technology	138	online	75
user acceptance	119	behavioral intention	64
determinant	107	satisfaction	61
intention	101	impact	57
trust	95	commerce	55
acceptance	94	behavior	48
internet	93	m-commerce	48

service(服务)、online(在线)、internet(互联网)、technology(技术)和information technology(信息技术)等关键词的突出表明,移动商务研究中学者们对技术、服务设计和用户体验的交叉领域存在持续的兴趣,着眼于创新移动商务应用、服务和技术的开发和评估,旨在提高用户满意度和参与度。

图 2-9 中的关键词共现网络为移动商务领域多样化且相互关联的研究主题和热点提供了有价值的视觉表现。这一分析有助于确定和讨论几个主要的研究主题及其在该领域的相互联系,揭示了关键的调查领域,促进了对塑造移动商务增长和演变的多方面的全面理解,在过去的 20 年里,移动商务的研究热点得到了丰富和深化。

2.4.2 研究热点

移动商务研究关键词共现网络的聚类视图如图 2-10 所示,通过移动商务研究关键词共现网络的时间线视图即图 2-11 可以总结移动商务研究的演变趋势。在这两幅图中,高模块化($Q = 0.7279$)和加权平均轮廓分数($S = 0.8914$)表明了一个清晰的结构,能够更深入地研究这些集群之间的中心主题和潜在关系。这 17 个不同的聚类集群代表了移动商务领域的不同研究热点,展示了该领域的多样性和跨学科性质。随着颜色从冷到暖(灰色、紫色、深蓝色、浅蓝色、绿色、黄色、橙色、红色),移动商务领域的研究热点在过去的 20 年里不断变化。

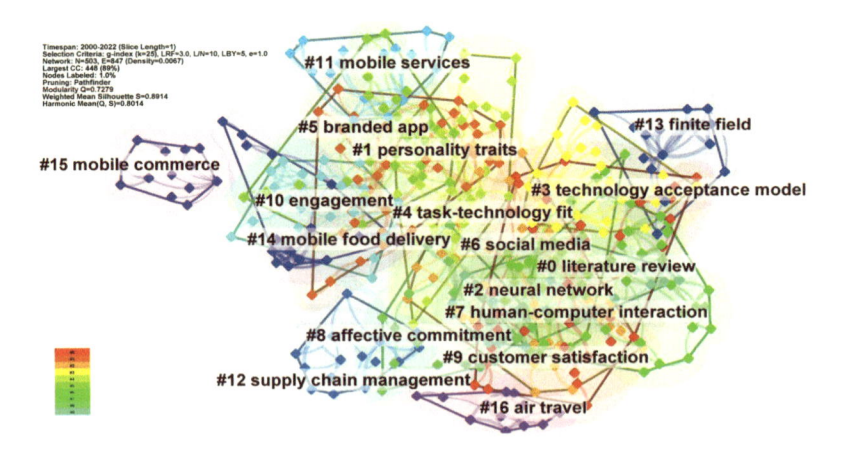

图 2-10　移动商务研究关键词共现网络的聚类视图

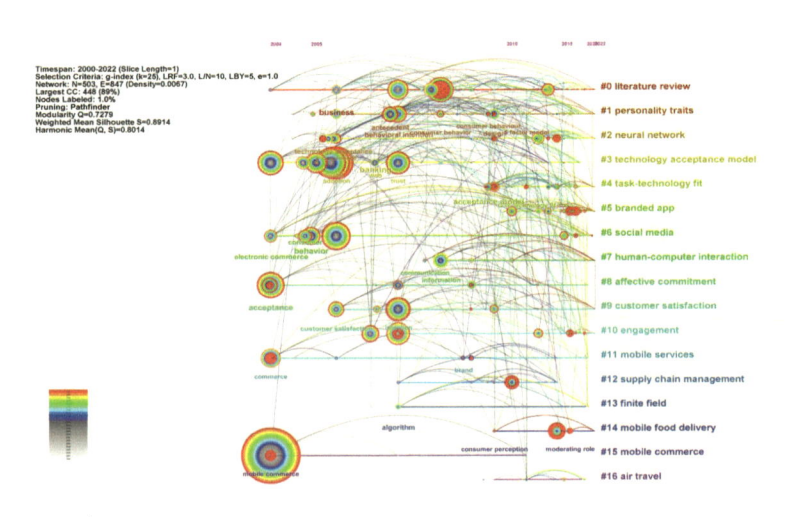

图 2-11　移动商务研究关键词共现网络的时间线视图

从图 2-10 和图 2-11 可以看出移动商务研究的异质性和关联性,揭示了这一领域的关键主题、趋势和新兴方向,加深了对推动移动商务增长和演变的复杂因素的深入理解。两图中识别的关键词聚类及其对应的研究热点如表 2-8 所示。

表 2-8　移动商务研究关键词聚类及其相关研究热点

聚类标签	研究热点
#0 literature review	突出了评估和综合现有移动商务研究的重要性
#1 personality traits	探讨了在移动商务背景下,个体差异在塑造消费者行为和偏好方面的作用,强调了理解具有不同特征的用户如何与移动平台和服务互动的必要性
#2 neural network	揭示了人工智能和机器学习技术在优化和增强移动商务流程中的应用,如推荐系统、欺诈检测和个性化营销策略
#3 technology acceptance model	强调了完善的理论框架在研究用户接受和采用移动商务解决方案方面的重要性,特别关注影响消费者使用移动服务和技术意愿的因素
#4 task-technology fit	集中在移动技术和它们支持的特定任务之间的一致性,确保移动商务解决方案充分满足客户的需求和要求,以促进最佳的系统采用和使用
#5 branded app	考察了组织开发和部署定制移动应用程序的机会,这些应用程序可以促进消费者参与,提高品牌忠诚度,并促进与客户的个性化互动
#6 social media	反映了移动商务和社交网络平台之间的关系被带到最前沿,因为零售商和营销人员利用这些渠道来推广产品,刺激信息共享,并与消费者沟通
#7 human-computer interaction	关注于用户体验和交互设计的调查,强调可用性、可访问性和美学在创造无缝和愉快的移动商务体验中的重要性
#8 affective commitment	探讨了消费者与移动服务之间的情感纽带,强调了积极的用户体验在培养长期客户忠诚度和移动商务环境下的满意度方面的作用
#9 customer satisfaction	强调了客户满意度在决定移动商务成功方面的关键作用,研究重点是提高移动服务的整体质量和性能,以满足或超越消费者的期望
#10 engagement	强调了捕获和维持用户注意力和兴趣的必要性,促进了与移动商务平台的持续互动,并培养了与品牌或服务提供商的持续关系
#11 mobile services	涵盖了移动商务领域内提供的各种应用和功能的更广泛的视角,说明了移动技术可以增强不同行业服务的提供和消费的不同方式
#12 supply chain management	揭示了移动商务在优化和简化整个产品生命周期的物流过程中的作用,展示了移动技术在促进更高效、透明和可持续的商业实践方面的潜力

续表 2-8

聚类标签	研究热点
#13 finite field	将移动商务的研究扩展到具体的计算概念和应用,展示了移动技术与先进计算机技术之间的相互作用,如数据安全机制和隐私保护技术
#14 mobile food delivery	强调了移动商务对食品行业的变革性影响,因为创新的配送服务和移动应用程序彻底改变了消费者订购、支付和接收食物的方式
#15 mobile commerce	作为一个总体主题,包含了塑造移动商务领域的基本方面和核心原则,如底层技术、消费者行为和基于移动的交易的经济含义
#16 air travel	探讨了移动商务与旅游行业的交叉,研究了移动商务如何促进高效的预订流程、个性化的旅行体验和乘客的实时更新,同时也推动了行业内的创新和竞争优势

移动商务的研究热点包括了解消费者行为的个体差异、利用人工智能进行流程优化、提高用户接受度和采用度、将移动技术与特定任务相结合、开发定制的移动应用程序、利用社交媒体进行数字营销策略、增强用户体验和交互设计、培养情感纽带和客户忠诚度、提高客户满意度等方面,重点在于连接移动服务和消费者需求,以满足不断发展的商业模式用户偏好。

通过表 2-8 对研究热点的总结,反映出移动商务研究的复杂性和多维度,用户对移动服务的接受是企业成功实施移动商务的第一步,信任和感知价值将决定用户的接受行为[100]。这些研究热点的聚集突出了相互关联的主题,并强调了跨部门移动商务的不同应用,有助于更深入地了解推动其增长和演变的因素。

2.5 本章小结

本章以 2000—2022 年发表的 WoS 核心合集 2 266 篇样本文章为基础,从文献计量学的角度出发,通过科学知识图谱,结合合著分析、共被引分析和共词分析,对移动商务领域的有关研究进行全面回顾与分析。

从理论上讲,本章通过以上可视化分析,加深了对移动商务领域各种知识结构、研究热点和新兴趋势的全面理解,提供了有关对移动商务研究领域的系统理解,丰富了现有的知识基础,并为未来调查潜在的知识缺口和未被探索的研究途径铺平了道路。从实践上讲,这些发现为寻求利用移动商务潜力来推进业务的从业者提供了宝贵的指导,使他们了解当前的最佳实践、行业趋势和潜在风险。

第3章　移动电子商务信息服务主体行为模式

3.1　相关概念和原理

3.1.1　移动电子商务

移动电子商务是指通过移动终端设备进行的电子商务活动,包括但不限于商品购买、支付、信息浏览、交互等一系列商业活动。它利用移动互联网技术,使消费者能够随时随地进行商品购买和交易。这种服务模式实现了网络时间、网络空间、网络组织的自由调度。移动电子商务的发展加快了商品购买、销售、支付、清算等在线支付流程,从而提高了企业管理水平,降低了生产成本,增强了市场竞争力,并为用户提供了方便快捷、独具个性的信息产品与服务。

3.1.2　移动电子商务信息

移动电子商务信息主要包括商品信息、交易条件信息、用户评论信息、商家服务信息、行业动态信息等。商品信息是移动电子商务信息服务中最直接的信息类型,包括商品的名称、价格、品牌、型号、规格等信息,此类信息是用户进行商品比较和购买决策的基础。交易条件信息包括支付方式、配送方式、退换货政策等,以及优惠活动、折扣、优惠券等方面的信息。用户评论信息包括对商品使用体验、产品质量、售后服务等方面的评价和建议。商家服务信息包括商家的信誉、服务质量、售后服务等方面的信息,可提高用户对商家及商品的信任度。行业动态信息包括行业发展趋势、市场环境、竞品分析等方面的信息,有助于用户了解移动电子商务整体市场格局,以便在购物过程中做出更明智的选择。

3.1.3 移动电子商务信息服务

移动商务信息服务是指在移动电子商务平台上为用户提供的各种信息相关服务,包括商品信息展示、用户评价、个性化推荐、支付服务等。在信息生态下,移动电子商务信息服务是指在移动互联网环境下,为消费者和企业提供的涵盖商品信息展示、用户交互、支付服务等一系列功能的服务。这些服务构成了移动电子商务生态系统中的重要组成部分,通过移动终端设备(如智能手机、平板电脑等)与用户进行交互,实现商品的展示、向用户提供购买和支付等功能,促进了移动电子商务的发展和用户体验的提升。

用户的信息需求综合了商品信息、交易条件信息、用户评论信息、商家服务信息与行业动态信息等多个方面。通过移动电子商务信息服务以满足用户在购物过程中对商品的了解需求,有助于降低用户的购物风险,提高购买满意度,让用户能够参考其他购买过该商品的用户的真实评价,为购物决策提供有力支持。

3.1.4 移动电子商务信息服务生态系统

信息生态是指由信息和信息交流所构成的一个生态系统,包括信息的产生、传播、消费和利用等各个环节。在信息生态中,各种信息形成了相互联系、相互依存的复杂网络,对个体、组织和社会产生着深远的影响。在信息生态中,移动电子商务信息服务与其他相关服务相互交织,共同构成了一个复杂而丰富的网络生态系统。信息生态系统由信息、信息人和信息环境三部分组成,信息人被信息的生产、传递、消费过程串联在一起,并受到信息环境的影响,形成一种动态组合。从目的上来说,信息服务是一种特殊形态的服务,因此信息服务生态系统属于一种特殊的服务生态系统。移动电子商务信息服务生态系统如图3-1所示。

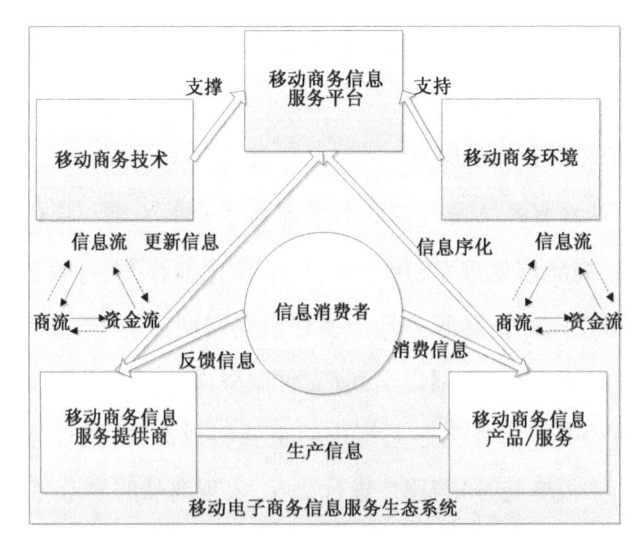

图 3-1 移动电子商务信息服务生态系统

移动商务信息服务生态系统是一个复杂的系统,系统中的主要要素包括信息消费者、信息服务提供商、信息产品/服务、信息服务平台、信息技术、信息政策和环境等。这些要素之间是相互依存的,它们共同影响和推动了移动商务信息服务的发展和创新。

系统以信息消费者为核心,信息服务提供商、信息产品/服务、信息服务平台,以及各类信息流通和交流渠道围绕其中。信息服务提供商生产,向信息消费者提供移动商务产品/服务,信息消费者利用该信息后,向内容提供商反馈评价,信息产品或服务通过移动商务信息服务平台进行序化和整合,信息服务提供商根据用户反馈的信息在商务平台上对移动商务信息的相关内容进行更新,移动商务技术为移动商务平台的运作提供技术支出,信息政策和环境为平台建设提供极大便利,整个过程发生了信息流、商流和资金流的流动,使得移动电子商务信息服务生态系统可以正常运行。

3.1.5 移动电子商务信息服务主体与行为

移动电子商务信息服务主体主要包括消费者、电商企业、电子商务信息服务平台以及政府等行政管理部门。电子商务企业是通过移动平台进行经济活动的独立单位,包括提供各种产品和服务的电子商务平台、移动支付公司、移动广告公司等。电子商务行政管理部门是国家或地区政府行政主管部门,负责对当地电子商务和相关工作的管理。

电子商务企业通过与消费者进行互动,使购物信息转化为企业的社会价值,即经济效益、社会声誉形象等。例如,京东商城推出的"触动京东"购物活动,通过收集消费者的一手信息,为产品销售提供针对性策略,制定满足消费者需求的产品方案,消费者购买后产品的价值也得以实现。信息资源是生态系统中企业之间合作的重要基础,信息资源的丰富度和质量决定着企业的竞争力和市场地位。而缺乏必要的信息资源会导致企业在合作中处于劣势地位,甚至被排除出局。电子商务信息服务平台主要通过企业、政府部门合理搭建,对其相关电商信息构建数据库,集中存储和整理商家、商品、交易、顾客反馈等各项信息,同时还需要确保自动更新各类电商信息[101]。消费者的需求方向已从"买什么"转变为"怎么买",由于信息化建设不足,仍有大量的商品分散在不同的电商平台中。移动电子商务信息服务生态系统可以将这些商品信息整合进供应链,与消费者的需求相对接,形成价值传递。

3.2 信息服务主体合作竞争模式

3.2.1 合作竞争内涵

竞争是从利己的角度出发,企业与企业之间为追求自身利益最大化的目标,按照一定规则,采用相应手段,在一定的时空范围内进行角逐与较量的活动与过程。合作则是从利他的角度为实现双方或多方的共同目标而共同一致进行的互助活动与过程。这种合作与竞争并存的现象是一种自适应的表现。信息服务质量是企业在生态系统中的核心竞争力,一个好的竞争激励模式可以激励企业提供高质量的信息服务,增强企业的竞争力。因此,企业在选择合作竞争对象时,需要考虑对方是否具有关键的信息资源以及提供的信息服务质量,并通过建立恰当的合作竞争关系来共享信息资源和提升自身信息服务质量。

3.2.2 合作竞争形式

在移动商务信息服务生态系统运行过程中,竞争主要存在于同级别或同类型的信息服务主体之间,根据信息服务主体争夺的对象和内容不同,竞争主要有信息资源竞争、信息消费客户竞争、经济利益竞争和生存空间竞争等几种形式;而合作主要存在于上下游具有供需关系的信息服务主体之间,根据信息服务主体的活动内容不同,合作主要有信息资源共享、合作研发、协同服务和联合推广等几种形式[102]。

系统中的信息服务主体包括移动商务平台、商品或服务供应商、消费者、移动支付机构等,各主体之间保持着既合作又竞争的复杂关系。在系统演化过程中,以移动商务平台为主导,形成了一种长期稳定的共生模式,系统内各信息服务主体为了价值增值这个共同目标结合在一起,形成了一种相互制约又相互依存的关系,在实力对比与业务发展上协同进化,由于价值驱动而发生合作与竞争,从而实现共生与共赢,共同推动移动商务信息服务生态系统的进化和发展。各类信息服务主体仅仅依靠资金、规模和技术等条件并不能保证成功,通过创新提升自身核心竞争力才是关键。

3.2.3 合作竞争目标

信息服务主体为获取更多的利益和价值,通过相互间协调适应,制定出共同的发展目标,采用既竞争又合作的双赢策略,参与到移动商务信息服务生态系统的成长及发展中。合作竞争模式不仅促进了系统结构优化,实现了信息资源的合理配置与有效流转,也提升了整个移动商务市场的竞争活力。

本书讨论的合作竞争并非强调的是零和博弈,而是从信息服务主体自身成长与发展的角度以及信息资源合理配置的角度出发,促进并激励移动商务信息服务主体之间形成一种可持续发展的关系,从绝对意义上的对抗性竞争逐渐走向合作共享、互惠共生,因此是一种更高层次上的竞争机制。合作竞争机制的实现,要依赖建立在信任基础之上的合作与建立在平等基础之上的竞争方可达成[103]。为了竞争而合作,同时又依靠合作来竞争,二者相辅相成,互为有益的补充,促使移动商务信息服务主体在更广的时空范围内进行信息资源的重新配置与整合,实现分工合作、功能协调以及核心优势要素互补,最终为了利益目标的一致性达成合作双赢的共存模式[104]。

3.3 合作竞争关系仿真模型

3.3.1 单种群的 Logistic 成长模型

移动商务信息服务主体之间合作与竞争关系的本质还是围绕信息资源的配置,此处的信息资源指的是广义的信息资源,它包括信息技术、信息人才、信息内容等狭义的信息资源以及消费客户资源、收益分配和虚拟市场空间等。相关研究为了简化分析,多讨论两类种群之间的合作竞争关系,本书也从两种经典群间关系分析入手。

当某类种群单独发展时,其增长形式符合 Logistic 增长规律[105],增长方程为

$$\frac{dx}{dt}=rx\left(1-\frac{x}{N}\right) \tag{3-1}$$

其中,x 为某类信息服务主体的信息资源占有量;N 为信息资源占有饱和点,即移动商务信息服务生态系统的信息资源与环境条件所能允许的最大信息资源占有量;r 为 x 的线性函数,表示该信息服务主体的信息资源扩张速率。当 $x=N$ 时,很明显可知 $r=0$,式(3-1)是以时间 t 为横轴、以信息资源占有量 x 为纵轴的 S 形曲线。

3.3.2 两种群的合作竞争关系

移动商务产业链上的信息服务主体,面临的是同一市场空间同类型企业的竞争。假设存在信息服务主体甲和乙,其各自单独发展,相互不受影响时,

增长方程为

$$\begin{cases} \dfrac{\mathrm{d}x_1}{\mathrm{d}t} = r_1 x_1 \left(1 - \dfrac{x_1}{N_1}\right) \\ \dfrac{\mathrm{d}x_2}{\mathrm{d}t} = r_2 x_2 \left(1 - \dfrac{x_2}{N_2}\right) \end{cases} \quad (3\text{-}2)$$

其中，x_1 和 x_2 分别表示信息服务主体甲和乙的信息资源占有量，N_1 和 N_2 分别表示甲和乙在信息服务生态系统中的信息资源环境承载量，r_1 和 r_2 分别表示甲和乙的内禀性信息资源扩张速率，$\dfrac{x_1}{N_1}$ 和 $\dfrac{x_2}{N_2}$ 分别表示甲和乙在信息资源占有过程中对自身发展的阻滞作用。

大多数研究中认为两个信息服务主体之间的关系模式是纯粹的，不是对抗式的相互阻碍过程就是合作式的相互促进过程，然而现实中信息服务主体之间在相互促进的同时也会相互阻碍，合作与竞争的过程是对立统一的。甲和乙在信息服务生态系统中不可避免会相互影响，其使用共同的信息资源而且信息资源有限，信息生态位存在重叠，信息服务主体之间存在激烈竞争，相互间存在阻滞作用；而甲和乙单独发展容易形成信息孤岛，只有在信息服务资源占有过程中共建共享，彼此结成复杂的信息生态网，才可突破信息资源的固有限制，更好地利用信息资源促进系统整体服务水平的提升，因此信息服务主体之间还存在相互促进作用。

设 α_{12} 为乙对甲的信息资源占有的竞争系数，α_{21} 为甲对乙的信息资源占有的竞争系数，β_{12} 表示乙对甲的信息资源占有的促进系数，β_{21} 表示甲对乙的信息资源占有的促进系数，若 α 与 β 系数均为正且保持稳定，则两个信息服务主体的合作竞争模型可表示为

$$\begin{cases} \dfrac{\mathrm{d}x_1}{\mathrm{d}t} = r_1 x_1 \left(1 - \dfrac{x_1}{N_1} - \alpha_{12} \dfrac{x_2}{N_2} + \beta_{12} \dfrac{x_2}{N_2}\right) \\ \dfrac{\mathrm{d}x_2}{\mathrm{d}t} = r_2 x_2 \left(1 - \alpha_{21} \dfrac{x_1}{N_1} + \beta_{21} \dfrac{x_1}{N_1} - \dfrac{x_2}{N_2}\right) \end{cases} \quad (3\text{-}3)$$

令 $\eta_{12}=\beta_{12}-\alpha_{12}$，$\eta_{21}=\beta_{21}-\alpha_{21}$ 表示两个信息服务主体之间的合作竞争系数，化简后得到

$$\begin{cases}\dfrac{\mathrm{d}x_1}{\mathrm{d}t}=r_1x_1\left(1-\dfrac{x_1}{N_1}+\eta_{12}\dfrac{x_2}{N_2}\right)\\ \dfrac{\mathrm{d}x_2}{\mathrm{d}t}=r_2x_2\left(1+\eta_{21}\dfrac{x_1}{N_1}-\dfrac{x_2}{N_2}\right)\end{cases} \quad (3\text{-}4)$$

为了分析模型中信息服务主体甲和乙的合作竞争趋势，进一步对模型求解。当 $t\to\infty$ 时，甲和乙的信息资源占有量将维持在一个稳定值，不再发生改变，此时的平衡状态可以表示为

$$\begin{cases}f(x_1,x_2)=r_1x_1\left(1-\dfrac{x_1}{N_1}+\eta_{12}\dfrac{x_2}{N_2}\right)=0\\ g(x_1,x_2)=r_2x_2\left(1+\eta_{21}\dfrac{x_1}{N_1}-\dfrac{x_2}{N_2}\right)=0\end{cases} \quad (3\text{-}5)$$

通过求解可以得到 4 个平衡点

$$A_1(0,0),A_2(N_1,0),A_3(0,N_2),A_4\left(\dfrac{N_1(1+\eta_{12})}{1-\eta_{12}\eta_{21}},\dfrac{N_2(1+\eta_{21})}{1-\eta_{12}\eta_{21}}\right)$$

其稳定条件和经济意义如表 3-1 所示。

表 3-1 两个信息服务主体合作竞争模型的平衡点、稳定条件和经济意义

平衡点	稳定条件	经济意义
$A_1(0,0)$	不稳定	甲和乙的合作竞争模式不稳定，任何一方随时有可能被排挤出局，是零和博弈状态
$A_2(N_1,0)$	$\eta_{12}>-1,\eta_{21}<-1$	甲在信息服务资源合作竞争中占据主导地位，信息资源占有量趋于最大值，乙因地位与其不平等逐渐被迫退出
$A_3(0,N_2)$	$\eta_{12}<-1,\eta_{21}>-1$	乙在信息服务资源合作竞争中占据主导地位，信息资源占有量趋于最大值，甲因地位与其不平等逐渐被迫退出

续表 3-1

平衡点	稳定条件	经济意义
$A_4\left(\dfrac{N_1(1+\eta_{12})}{1-\eta_{12}\eta_{21}},\dfrac{N_2(1+\eta_{21})}{1-\eta_{12}\eta_{21}}\right)$	$\eta_{12}>-1,\eta_{21}>-1$ $\eta_{12}\eta_{21}<1$	信息服务主体甲和乙的合作竞争模式达到互利共生的稳定平衡状态,信息资源占有量趋于平衡

3.3.3 三种群的合作竞争关系

两种群的合作竞争关系较为简单,仅适用于现实中信息服务主体可抽象为两大阵营的情形,三类种群或更多类种群的合作竞争关系均可基于两种群的合作竞争模型进行扩展,但模型并非越复杂越好,大多数研究仅讨论两种群的合作竞争关系就是本着化繁为简的原则。然而在本书所讨论的移动商务信息服务生态系统中,存在三足鼎立的局面,如果要讨论这种关系,必须以三种群合作竞争模型[106]为基础。

假设存在 A、B、C 三个信息服务主体,根据两种群合作竞争模型进行扩展,建立的方程组为

$$\begin{cases} \dfrac{dx_A}{dt}=r_A x_A\left(1-\dfrac{x_A}{N_A}+\delta_{AB}\dfrac{x_B}{N_B}+\delta_{AC}\dfrac{x_C}{N_C}\right) \\ \dfrac{dx_B}{dt}=r_B x_B\left(1+\delta_{BA}\dfrac{x_A}{N_A}-\dfrac{x_B}{N_B}+\delta_{BC}\dfrac{x_C}{N_C}\right) \\ \dfrac{dx_C}{dt}=r_C x_C\left(1+\delta_{CA}\dfrac{x_A}{N_A}+\delta_{CB}\dfrac{x_B}{N_B}-\dfrac{x_C}{N_C}\right) \end{cases} \quad (3\text{-}6)$$

其中,x_A、x_B 和 x_C 分别表示 A、B、C 在时刻 t 各自的信息服务市场份额,r_A、r_B、r_C 分别表示 A、B、C 各自信息服务市场份额的扩张速率,N_A、N_B、N_C 分别表示 A、B、C 各自的最大市场占有率,即信息服务市场饱和空间。δ_{AB} 表示 B 每单位信息服务市场份额的变化(相对 N_B 而言)占有的可供 A 信息服务市场份额变化的信息生态位是 A 每单位信息服务市场份额的变化(相对 N_A 而言)可供自身占有的信息生态位的 δ_{AB} 倍,代表 B 对于 A 的合作竞争系数,则 δ_{BA} 代表 A 对于 B 的合作竞争系数,类似地,δ_{AC}、δ_{CA}、δ_{BC}、δ_{CB} 的含义以此类推。

为了分析模型中 A、B、C 三个信息服务主体相互合作与竞争的演化趋势，需要进一步对模型求解。A、B、C 的信息服务市场份额在 $t \to \infty$ 时将维持在一个稳定水平，通过求解可以得到 8 个平衡点[107]，其稳定条件和经济意义如表 3-2 所示。

表 3-2 三个信息服务主体合作竞争模型的平衡点、稳定条件和经济意义

平衡点	稳定条件	经济意义
$(0,0,0)$	不稳定	A、B、C 总有一方会被排挤出信息服务市场
$(N_A,0,0)$	$\delta_{AB}>-1, \delta_{AC}>-1, \delta_{BA}<-1, \delta_{BC}>-1, \delta_{CA}<-1, \delta_{CB}>-1$	A 最终获胜，信息服务市场份额达到最大饱和点，另外两方被迫退出
$(0,N_B,0)$	$\delta_{AB}<-1, \delta_{AC}>-1, \delta_{BA}>-1, \delta_{BC}>-1, \delta_{CA}>-1, \delta_{CB}<-1$	B 最终获胜，信息服务市场份额达到最大饱和点，另外两方被迫退出
$(0,0,N_C)$	$\delta_{AB}>-1, \delta_{AC}<-1, \delta_{BA}>-1, \delta_{BC}<-1, \delta_{CA}>-1, \delta_{CB}>-1$	C 最终获胜，信息服务市场份额达到最大饱和点，另外两方被迫退出
$\left(\dfrac{N_A(1+\delta_{AB})}{1-\delta_{AB}\delta_{BA}}, \dfrac{N_B(1+\delta_{BA})}{1-\delta_{AB}\delta_{BA}}, 0\right)$	$\delta_{AB}>-1, \delta_{AC}<-1, \delta_{BA}>-1, \delta_{BC}<-1, \delta_{CA}<-1, \delta_{CB}<-1, \delta_{AB}\delta_{BA}<-1$	A 和 B 达到共存的平衡状态，C 被迫退出信息服务市场
$\left(\dfrac{N_A(1+\delta_{AC})}{1-\delta_{AC}\delta_{CA}}, 0, \dfrac{N_C(1+\delta_{CA})}{1-\delta_{AC}\delta_{CA}}\right)$	$\delta_{AB}<-1, \delta_{AC}>-1, \delta_{BA}<-1, \delta_{BC}<-1, \delta_{CA}>-1, \delta_{CB}<-1, \delta_{AC}\delta_{CA}<-1$	A 和 C 达到共存的平衡状态，B 被迫退出信息服务市场
$\left(0, \dfrac{N_B(1+\delta_{BC})}{1-\delta_{BC}\delta_{CB}}, \dfrac{N_C(1+\delta_{CB})}{1-\delta_{BC}\delta_{BA}}\right)$	$\delta_{AB}<-1, \delta_{AC}<-1, \delta_{BA}<-1, \delta_{BC}>-1, \delta_{CA}>-1, \delta_{CB}>-1, \delta_{BC}\delta_{BA}<1$	B 和 C 达到共存的平衡状态，A 被迫退出信息服务市场
(x_A^0, x_B^0, x_C^0)	$\delta_{AB}>-1, \delta_{AC}>-1, \delta_{BA}>-1, \delta_{BC}>-1, \delta_{CA}>-1, \delta_{CB}>-1, \delta_{AB}\delta_{BA}<1, \delta_{AC}\delta_{CA}<1, \delta_{BC}\delta_{CB}<1, \delta_{AB}\delta_{BA}+\delta_{AC}\delta_{CA}+\delta_{BC}\delta_{CB}<1+\delta_{AB}\delta_{CA}+\delta_{BC}-\delta_{BA}+\delta_{AC}\delta_{CB}$	A、B、C 三足鼎立，共同瓜分信息服务市场份额，达到三者共存的平衡状态

其中，(x_A^0, x_B^0, x_C^0) 各参数分别为

$$x_A^0 = \frac{N_A(1+\delta_{AB}+\delta_{AC}-\delta_{BC}\delta_{CB}+\delta_{BC}\delta_{AB}+\delta_{CB}\delta_{AC})}{1-\delta_{AB}\delta_{BA}-\delta_{AC}\delta_{CA}-\delta_{BC}\delta_{CB}+\delta_{AB}\delta_{CA}\delta_{BC}-\delta_{BA}\delta_{AC}\delta_{CB}}$$

$$x_B^0 = \frac{N_B(1+\delta_{BA}+\delta_{BC}-\delta_{AC}\delta_{CA}+\delta_{AC}\delta_{BA}+\delta_{CA}\delta_{BC})}{1-\delta_{AB}\delta_{BA}-\delta_{AC}\delta_{CA}-\delta_{BC}\delta_{CB}+\delta_{AB}\delta_{CA}\delta_{BC}-\delta_{BA}\delta_{AC}\delta_{CB}}$$

$$x_C^0 = \frac{N_C(1+\delta_{CA}+\delta_{CB}-\delta_{AB}\delta_{BA}+\delta_{AB}\delta_{CA}+\delta_{BA}\delta_{CB})}{1-\delta_{AB}\delta_{BA}-\delta_{AC}\delta_{CA}-\delta_{BC}\delta_{CB}+\delta_{AB}\delta_{CA}\delta_{BC}-\delta_{BA}\delta_{AC}\delta_{CB}}$$

3.4 仿真模拟

对提出的信息服务主体合作竞争模型的有效性进行验证，并通过综合对比分析以描述信息服务主体合作竞争关系的演化趋势，本书利用 MATLAB 和 Python 进行仿真模拟，对模型各参数赋予的具体数值均是人为设定，若要进行实证分析，具体数据可根据移动商务企业的历史数据、电商行业的统计年鉴或者相关领域专家评估等途径获取。

3.4.1 两种群仿真模拟

为了观察并揭示合作竞争系数对合作竞争过程的影响，用 MATLAB 对稳定平衡点 A_4 进行仿真模拟，以探究信息服务主体相互间的协同作用对合作竞争趋势的影响过程。首先对内禀性资源扩张率与信息环境承载量赋予初值，为对比分析，控制甲和乙的这两个变量相同，令 $r_1 = r_2 = r_3$，$N_1 = N_2 = 500$，设 $x_1(0)$ 和 $x_2(0)$ 分别为甲和乙的初始信息服务资源占有量情况，$x_1(0) = x_2(0) = 10$，η 系数取不同值进行比较分析，甲和乙的合作竞争系数分别赋值为

①$\eta_{12}=1.2, \eta_{21}=0.8$；②$\eta_{12}=-0.6, \eta_{21}=-0.8$；③$\eta_{12}=1.2, \eta_{21}=0$；
④$\eta_{12}=0, \eta_{21}=-0.8$；⑤$\eta_{12}=1.2, \eta_{21}=-0.8$；⑥$\eta_{12}=-0.6, \eta_{21}=0.8$

运行代码后得到的合作竞争关系演化趋势如图 3-2 所示，分别对应以下几种情况：当 $\eta_{12}>0, \eta_{21}>0, \eta_{12}\eta_{21}<1$ 时，表示纯粹合作模式，呈现出系统中互利共生的耦合机制；当 $-1<\eta_{21}<0, -1<\eta_{12}<0$ 时，表示纯粹竞争模式，呈现出系

统中竞争对抗的耦合机制;当 $\eta_{12}>0, \eta_{21}=0$ 或 $\eta_{12}=0, \eta_{21}>0$ 时,表示偏合作模式,合作效应强于竞争效应,呈现出系统中的偏利耦合机制;当 $-1<\eta_{12}<0, \eta_{21}=0$ 或 $\eta_{12}=0, -1<\eta_{21}<0$ 时,表示偏竞争模式,竞争效应强于合作效应,呈现出系统中的偏害耦合机制;当 $\eta_{12}>0, -1<\eta_{21}<0$ 或 $-1<\eta_{12}<0, \eta_{21}>0$ 时,合作竞争系数为负的主体受到对方的阻碍作用强于促进作用,无法达到自身信息资源占有量的饱和点,而合作竞争系数为正的主体受到对方的促进作用强于阻碍作用,会突破自身信息资源环境承载量的限制。尽管这种结果貌似是不平等的,却最终能够实现共生的稳定状态,弱势(合作竞争系数为负)的一方不会被排挤出市场,而且其合作竞争系数越接近于-1,演化曲线在初期的波峰越明显。另外,$|\eta_{12}-\eta_{21}|$ 越大,双方在达到稳定平衡状态时,最终的信息资源占有量差异会越大。

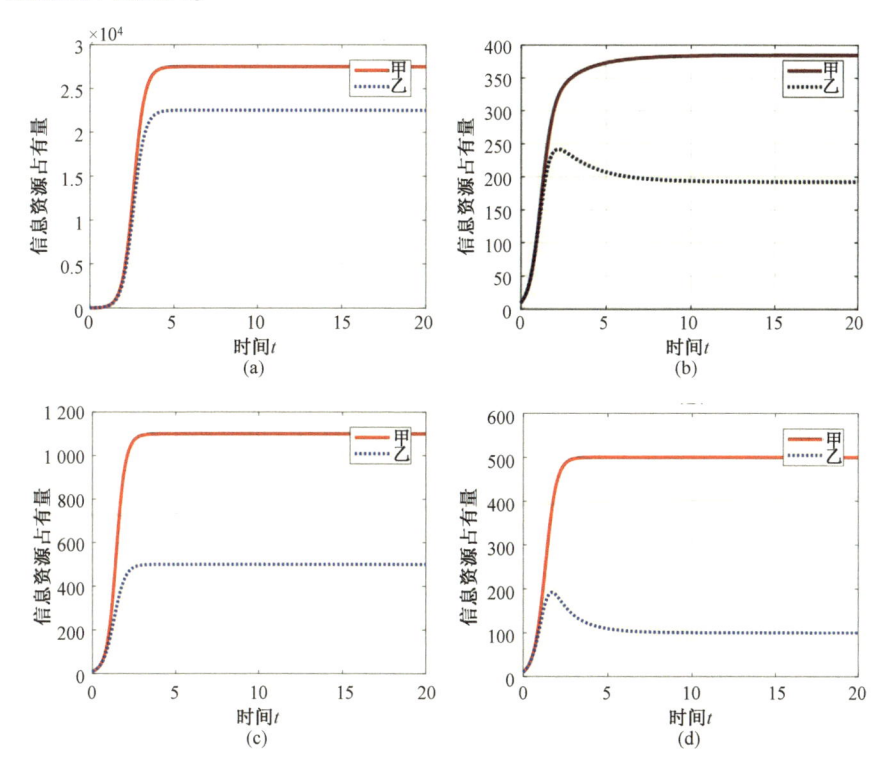

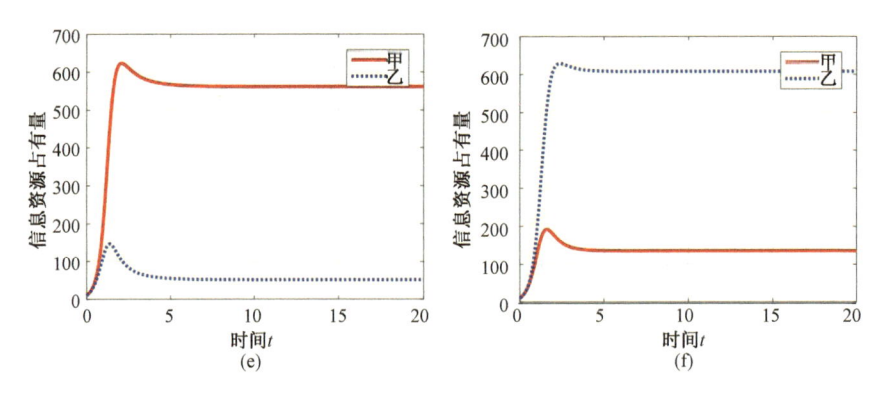

[图表:图3-2(e)与(f),横轴为时间t,纵轴为信息资源占有量,图例为甲、乙]

图3-2　η 系数不同取值的两个信息服务主体合作竞争关系演化趋势图

互利共生的合作模式($\eta_{12}>0$, $\eta_{21}>0$)在现实中较为常见,并且是本节所追求的信息共建共享的目标。这种协同作用结果使双方都获利,此时信息服务主体相互间会结成稳定的信息共生体,通过挖掘潜力、增加投入、强化宣传推广等手段,进行信息资源的共建共享[108]。只有互利互惠关系的信息服务主体才能在系统中构成稳定而高效的信息人共生体,而偏利共生的合作模式($\eta_{12}>\eta_{21}\approx 0$ 或 $\eta_{21}>\eta_{12}\approx 0$)即使存在也是短暂和不稳定的,因为对信息共建共享的经济效益的追求是建立在信息服务个体利益基础之上的[109]。

上述仿真结果进一步验证了合作竞争关系演化趋势分析的关键在于合作竞争系数 η 的取值:当 $\eta>0$ 时,合作效应强于竞争效应;当 $\eta<0$ 时,竞争效应强于合作效应。由于不同信息服务主体的内禀性资源扩张率与信息环境承载量在现实中几乎不可能相同,下面不再控制变量,根据表3-2分析出的稳定条件赋值,模拟某种具体情形的合作竞争关系,以对比分析信息服务主体在竞争效应占主导与合作效应占主导两种情形下的稳定平衡状态。假设甲的内禀性信息服务资源扩展速率比乙大,但其信息环境承载空间的饱和点比乙小,令 $r_1=3$, $r_2=2$, $N_1=250$, $N_2=500$。同时设定 $|\eta_{12}|<|\eta_{21}|$,表示甲更易受到乙的协同作用影响,令 $\eta_{12}=-0.7$, $\eta_{21}=-0.75$ 和 $\eta_{12}=0.7$, $\eta_{21}=0.75$,前者竞争效应更强,后者合作效应更强。

(1) 甲乙之间竞争效应占主导的情形

当 $\eta_{21}=-0.7$, $\eta_{21}=-0.75$ 时,得到的合作竞争关系演化趋势如图3-3所

示。甲最初信息资源占有量增长较快,达到最大值后开始缓慢下降,最后稳定在158附近;而乙则保持相对较慢的信息资源扩张速度,直到263附近的平衡点。甲从长期来看处于弱势地位,逐渐被乙所超越,以这种信息资源扩张速度来演化,逐渐达到信息资源占有量的稳定平衡状态不再变化。

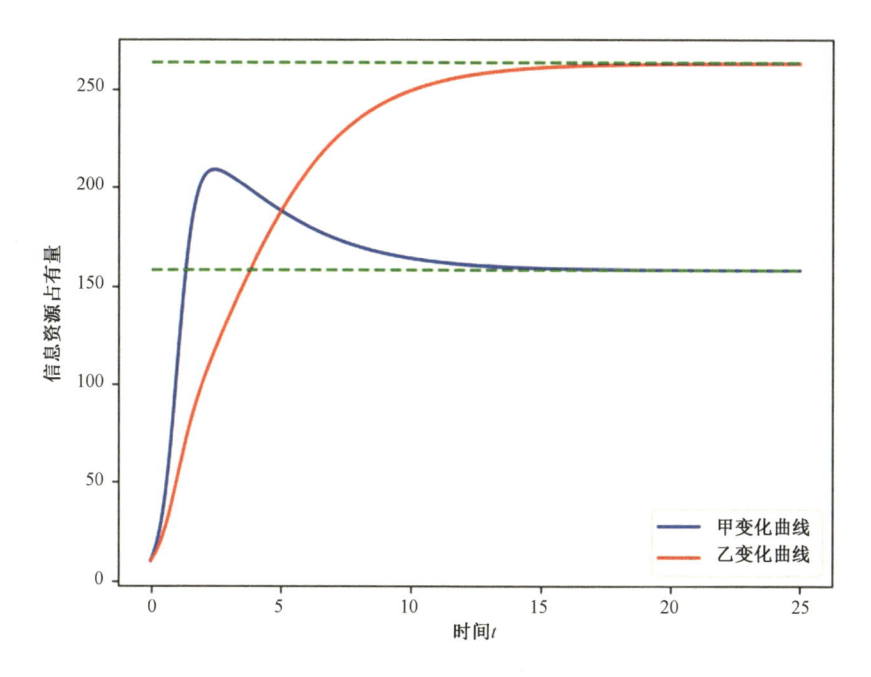

图 3-3 两个信息服务主体合作竞争关系演化趋势曲线($\eta<0$)

代入参数具体数值后,4个平衡点分别为(0,0),(250,0),(0,500),(157.89,263.16)。其中前三个鞍点是平凡的,方程组最终收敛于第4个非平凡鞍点,第4个平衡点具有较强的稳定性。下面通过方向场图和相轨线族图即图3-4来分析平衡点稳定性和方程整体性质。

方向场变化如图3-4(a)所示,平衡点已用绿点标出,箭头颜色的深浅,代表着平衡点在该点处的变化快慢,从图中可以比较容易地判断四个平衡点的稳定性。

左下方的(0,0)是甲和乙的信息服务资源占有量都是0的情况,属于不稳定平衡点,所有的箭头都朝着远离该平衡点的方向,这意味着平衡点附近微小的扰动,将会导致最终远离该平衡点。甲和乙在此处只占有少量的信息资源,最终都将在移动商务虚拟空间中向外扩张占有份额,达到另外的平衡点。左上方的(0,500)是只存在信息服务主体乙的情况,只有过该点的垂直线上的箭头指向该点,其余所有的箭头都朝着远离该平衡点的方向;而右下方的(250,0)是只存在信息服务主体甲的情况,只有过该点的水平线上的箭头指向该点,其余所有的箭头都朝着远离该平衡点的方向。这两点的稳定性比(0,0)要强,但都不稳定,表明信息服务主体在该处虽占有少量信息资源,最终会由于竞争排挤而远离目前平衡点,从而寻找其他信息生态位扩张信息资源占有份额。右上方的(157.89,263.16)是甲和乙共存且达到平衡的情况,属于稳定平衡点,该点附近所有的箭头指向该点,表明即使由于某种突发情况使信息服务资源占有情况发生偏离,最终还是会回到该平衡点的稳定状态。

相轨线变化如图 3-4(b)所示,从中可明显观察到平衡点附近的流动情况,几乎第一象限内的流线都汇集到第四个平衡点,说明该点具有非常强的稳定性,是任意初始条件的最终稳定点,是信息服务系统中信息资源自适应配置的最终稳定状态。图中没有封闭的相轨线,说明方程组并不存在周期振荡的解。

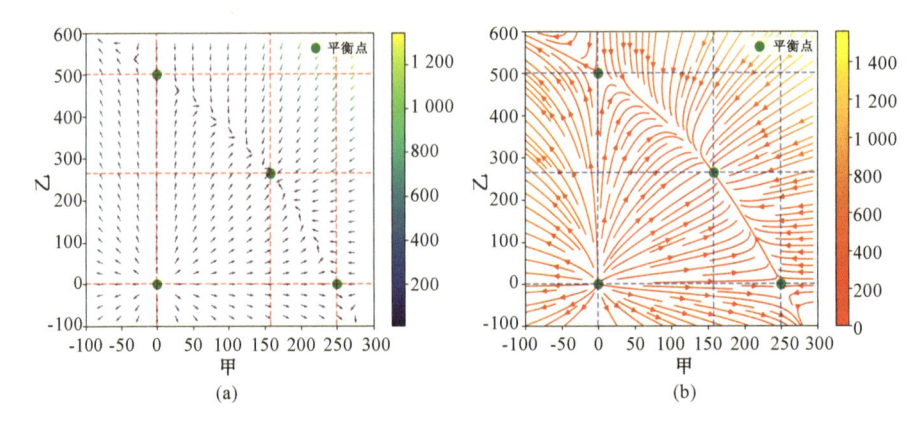

图 3-4 两个信息服务主体合作竞争关系方向场图(左)和相轨线族图(右)($\eta<0$)

(2) 甲乙之间合作效应占主导的情形

当 $\eta_{12}=0.7, \eta_{21}=0.75$ 时,得到的合作竞争关系演化趋势如图 3-5 所示。虽然甲比乙的内禀性信息资源扩张速率较大,但乙曲线后期几乎呈现指数型增长,斜率突然变大,直至接近信息服务环境资源承载的饱和点才逐渐放缓保持稳定,主要原因是 $\eta_{21}>\eta_{12}$,甲对乙占有信息资源的促进作用更强。另外,甲和乙的信息服务资源空间由于互利共生的合作模式都变大,原本的资源承载的饱和点分别为 250 和 500,共生后饱和点变为 894.74 和 1842.11,可见互利共生的合作模式使信息服务主体在相当大的程度上突破了信息资源空间的固有限制。与图 3-3 相比,合作效应占主导比竞争效应占主导所达到稳定平衡状态的时间大大提前。

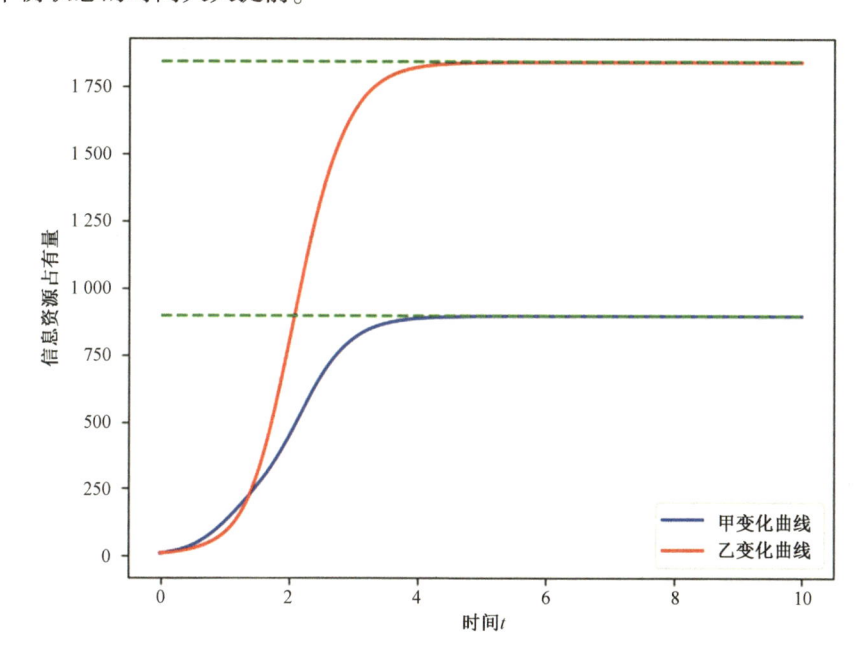

图 3-5　两个信息服务主体合作竞争关系演化趋势曲线($\eta>0$)

代入参数具体数值后,4 个平衡点分别为(0,0),(250,0),(0,500),(894.74,1842.11),对应的方向场和相轨线族如图 3-5 所示。与图 3-3 对比来看,唯一不同的是右上角的非平凡鞍点:图 3-4 的鞍点(157.89,263.16)在(250,500)与其他三个平衡点共同构成的矩形之内,而图 3-6 的鞍点(894.74,1842.11)在该矩形之外。由于 250 和 500 分别为甲和乙的信息资源占有量饱和点,前者竞争效应占主导,相互之间阻滞作用更强,自然无法突破信息资源占有量的固有限制,而后者信息资源空间的扩展显然是由于双方互相促进的作用力更强,在互利共生合作模式下实现了对占有信息资源的有效利用和价值增值,使得信息生态位变宽。

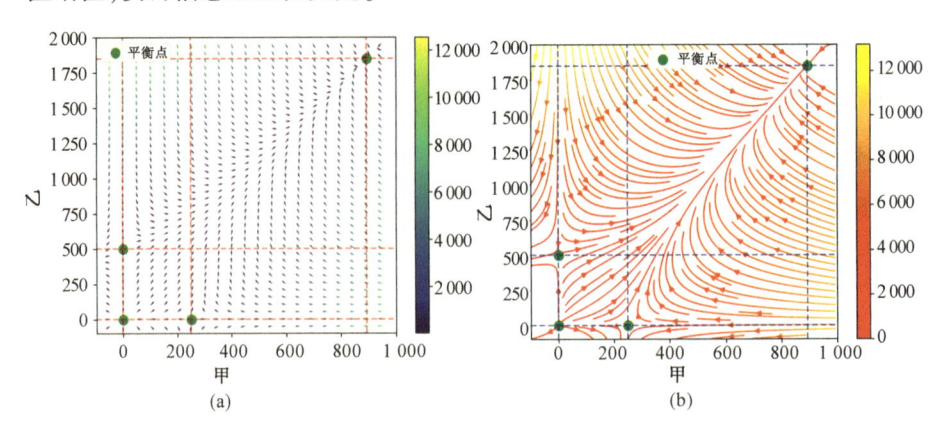

图 3-6 两个信息服务主体合作竞争关系方向场图(左)和相轨线族图(右)($\eta>0$)

尽管两个信息服务主体相互间对信息资源占有的促进作用相对而言都有限,但从信息服务生态系统整体来看,信息流的传递是双向和循环的,存在反馈和强化作用,单个信息服务主体在为对方信息服务资源占有和利用做出贡献的同时,也提升了整个信息服务生态系统的资源利用率,拓宽了信息资源利用空间。信息服务主体互利共生作用的强弱取决于其在信息服务生态系统中的地位和作用,地位越高,越靠近核心层,对其他主体信息资源利用的辐射和带动作用越强[110]。

3.4.2 三种群仿真模拟

由于三个信息服务主体合作竞争关系分析的情况特别复杂,现仅对最后一种可以实现三者共存的平衡情况(x_A^0, x_B^0, x_C^0)进行分析。与分析两个主体的情况类似,合作竞争关系演化趋势分析的关键在于三个信息服务主体两两之间合作竞争系数δ的取值:当$\delta>0$时,合作效应强于竞争效应;当$\delta<0$时,竞争效应强于合作效应。

假设 A、B、C 的合作竞争关系基本趋于稳定状态,对信息服务市场饱和空间(即最大市场占有率)以及信息服务主体在自然状态下的市场份额扩张速率赋予任意初值,可令 $N_A = N_B = N_C = 1\,000, r_A = 2.5, r_B = 2, r_C = 1.5$,用 $x_A(0)$、$x_B(0)$ 和 $x_C(0)$ 分别表示 A、B、C 的初始信息服务市场份额占有情况,$x_A(0) = x_B(0) = x_C(0) = 10$。根据合作竞争系数的赋值大小所表示的合作竞争净效应的强弱,下面分几种情况进行分析:

(1) A、B、C 两两之间互不影响的情形

信息服务主体 A、B、C 任意两者之间相互不影响时,$\delta_{AB} = \delta_{AC} = \delta_{BA} = \delta_{BC} = \delta_{CA} = \delta_{CB} = 0$,如图 3-7 所示,A、B、C 之间在无相互作用时,各自对信息资源的占有过程均按照自然状态发展,呈现出递增型 S 曲线,最终趋于所能达到的饱和点。由于在自然状态下 A 的扩张速率大于 B 的扩张速率,B 的扩张速率又大于 C 的扩张速率,所以 A 达到信息服务市场饱和空间的最大范围最早,C 最晚。另外由于 A、B、C 对信息资源的占有过程并不相关,因此三者都能达到各自信息服务市场饱和空间的最大范围,但现实中任何一个信息服务市场的信息资源占有过程都会存在某种特定的关联性,所以这种情形仅存在于理论分析中。

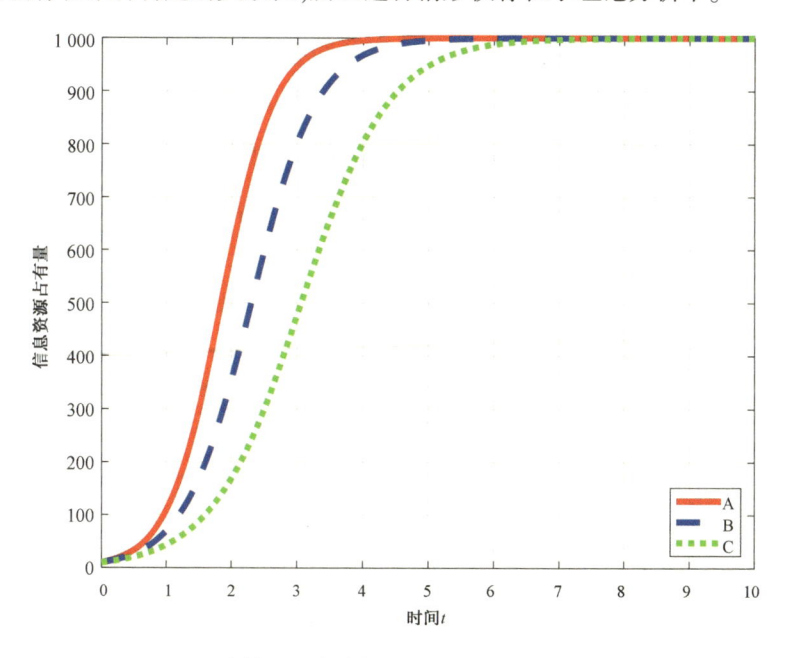

图 3-7 三个信息服务主体在互不影响情形下的演化趋势

（2）A、B、C 两两之间竞争效应占主导的情形

信息服务主体 A、B、C 任意两者之间竞争效应占主导的情况下,合作竞争系数均取负值,三者在信息资源占有过程中的阻滞作用均大于促进作用,如图 3-8(a) 所示,取 $\delta_{AB}=-0.1$,$\delta_{AC}=-0.3$,$\delta_{BA}=-0.2$,$\delta_{BC}=-0.15$,$\delta_{CA}=-0.2$,$\delta_{CB}=-0.25$,当任意两者之间的阻滞作用均较弱时,随着信息资源占有过程按时间推移,三个信息服务主体分别在部分信息市场空间内实现信息资源的占有,并逐渐达到均衡状态,三者共同在信息服务市场空间内占有一定的信息市场份额。然而在三者达到均衡状态时,其达到的信息服务市场饱和空间的最大范围均小于各自在自然状态下所能达到的饱和点最大值,实现稳定的均衡状态也需要更长的时间。这反映出以竞争效应为主导产生的阻滞作用不仅严重妨碍信息资源空间的有效利用,无法最大效率地发挥信息服务主体的协同作用,而且也限制了对信息资源占有的速度。这是因为竞争效应占主导时信息生态位过度重叠,信息服务主体对信息资源的占有过程中存在着激烈冲突,造成三者对相应的信息服务市场份额进行争夺,再加上内生性的市场环境阻滞作用,使得彼此对信息资源的占有和利用都受到抑制,所以信息服务主体虽然都在信息服务市场空间内占有一定份额,但却并不能使自身的信息资源占有量在最大程度内得到有效利用,削弱了信息服务主体在信息服务生态系统中的稳定性。图 3-8 显示了竞争效应占主导情形下三个信息服务主体合作竞争演化趋势。

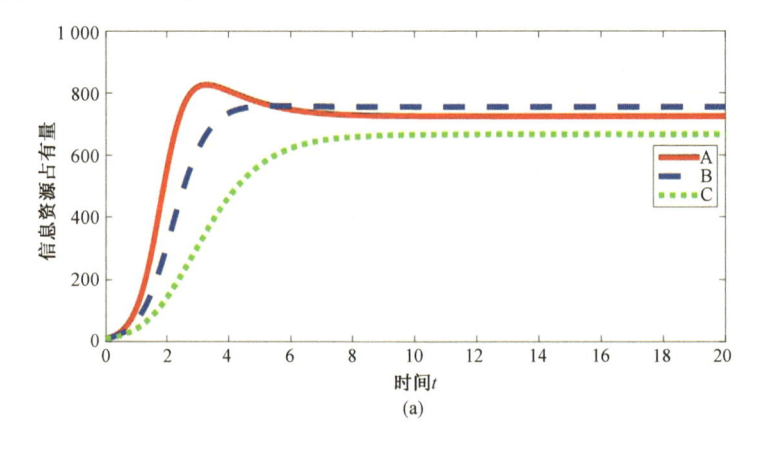

(a)

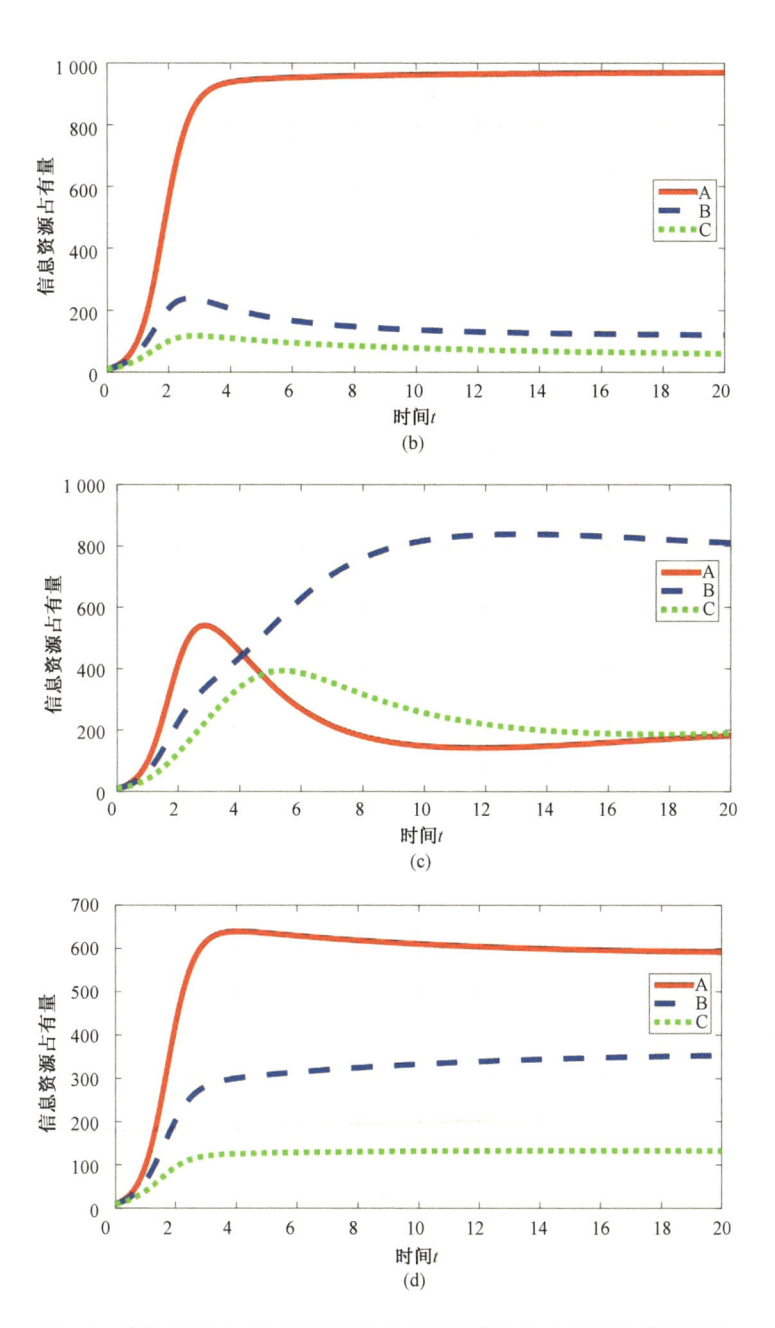

图 3-8 竞争效应占主导情形下三个信息服务主体合作竞争演化趋势

如图 3-8(b)和 3-8(c)所示,分别取 $\delta_{AB}=-0.1,\delta_{AC}=-0.3,\delta_{BA}=-0.9,\delta_{BC}$

$=-0.15, \delta_{CA}=-0.95, \delta_{CB}=-0.25$ 和 $\delta_{AB}=-0.8, \delta_{AC}=-0.85, \delta_{BA}=-0.9, \delta_{BC}=-0.15, \delta_{CA}=-0.2, \delta_{CB}=-0.95$ 两组值,当某一方的竞争效应明显强于或弱于另外两方时,在信息资源占有过程中,经过一段时间的角逐,竞争效应较强的主体在信息服务市场中逐渐得到大多数信息消费者的认可,在市场内的地位得以稳固;而竞争效应较弱主体的市场份额被逐渐侵蚀,信息生态位被挤占不断缩小。

如图 3-8(d)所示,取 $\delta_{AB}=-0.8, \delta_{AC}=-0.95, \delta_{BA}=-0.9, \delta_{BC}=-0.85, \delta_{CA}=-0.9, \delta_{CB}=-0.95$,当任意两者之间的阻滞作用均较强时,随着时间的推移,三方虽然最终也可实现稳定均衡,各自占据一定的市场份额,但是所需时间变长,并且所能达到的信息服务市场饱和空间的最大范围与各自在自然状态下所能达到的饱和点最大值差距变大,这会导致信息服务市场空间主要由垄断性的信息服务主体占据,所占有的信息资源利用率明显下降,降低了信息消费者对用户服务体验的价值感知,此时信息生态位存在较大程度重叠,严重内耗不利于信息服务市场的长远发展。

(3) A、B、C 两两之间合作效应占主导的情形

信息服务主体 A、B、C 任意两者之间合作效应占主导的情况下,合作竞争系数均取正值,三者在信息资源占有过程中的促进作用均大于阻滞作用,如图 3-9 所示,取 $\delta_{AB}=0.1, \delta_{AC}=0.3, \delta_{BA}=0.2, \delta_{BC}=0.15, \delta_{CA}=0.2, \delta_{CB}=0.25$,当三者相互间的促进作用占主导时,随着信息资源占有过程按时间推移,三个信息服务主体逐渐达到均衡状态,共同在信息服务市场空间内占据一定份额。在三者达到均衡状态时,其达到的信息服务市场饱和空间的最大范围均大于各自在自然状态下所能达到的饱和点最大值,实现稳定的均衡状态也需要更短的时间。这反映出以合作效应为主导产生的促进作用不仅突破了信息服务市场空间的固有限制,而且加快了信息资源占有的速度,增强了信息服务主体在信息服务生态系统中的稳定性。这是因为信息服务市场空间(最大市场占有率 N)是一个可变参数,受到信息服务技术水平、信息资源生产质量和传播效率等因素的影响,信息服务主体通过相互之间的支持和协同作用

结成了利益共同体,实现信息资源的共建共享,有利于打破信息资源垄断,维持信息生态平衡,这是信息服务市场完成资源配置优化的最优状态。

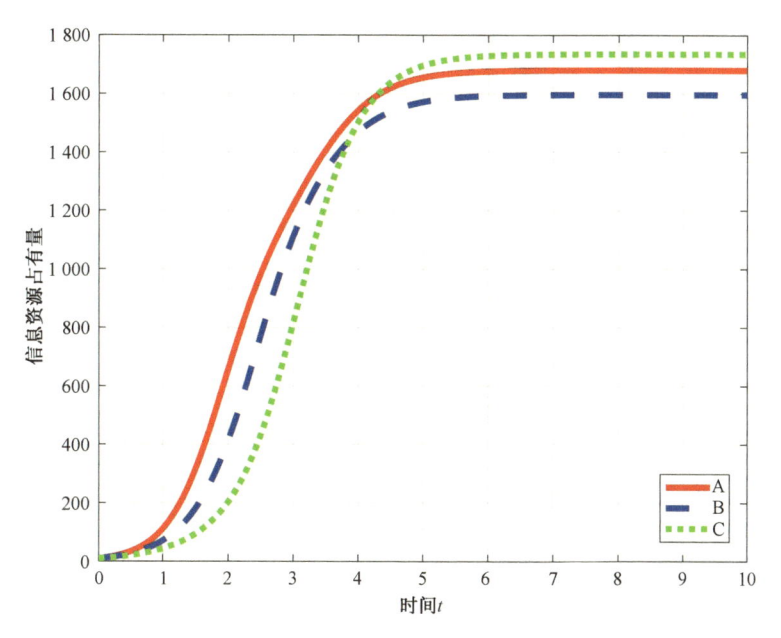

图 3-9 合作效应占主导情形下三个信息服务主体合作竞争演化趋势

另外,合作竞争系数不同也会影响均衡结果。如图 3-10(a)和 3-10(b)所示,分别取 $\delta_{AB}=0.1,\delta_{AC}=0.3,\delta_{BA}=0.5,\delta_{BC}=0.15,\delta_{CA}=0.55,\delta_{CB}=-0.6$ 和 $\delta_{AB}=0.1,\delta_{AC}=0.3,\delta_{BA}=0.8,\delta_{BC}=0.15,\delta_{CA}=0.9,\delta_{CB}=0.85$ 两组变量,为控制变量对比分析,此处的 δ_{AB}、δ_{AC} 和 δ_{BC} 值保持不变,以表示 B 对 A、C 对 A、C 对 B 的协同作用不变,但随着 A 对 B、A 对 C、B 对 C 影响系数变大,三个信息服务主体在均衡状态时所达到的信息服务市场饱和空间的最大范围也变大,尤其是 C 的均衡范围有明显提高。这表明在合作效应占主导的情况下,某一方协同作用的增强会提升其他主体对信息资源占有和利用的水平,所以可通过加强信息服务主体的合作,形成优势互补,利用其他主体对自身的协同作用来加快信息资源占有速度,提升信息资源利用效率,扩大信息资源共享范围。

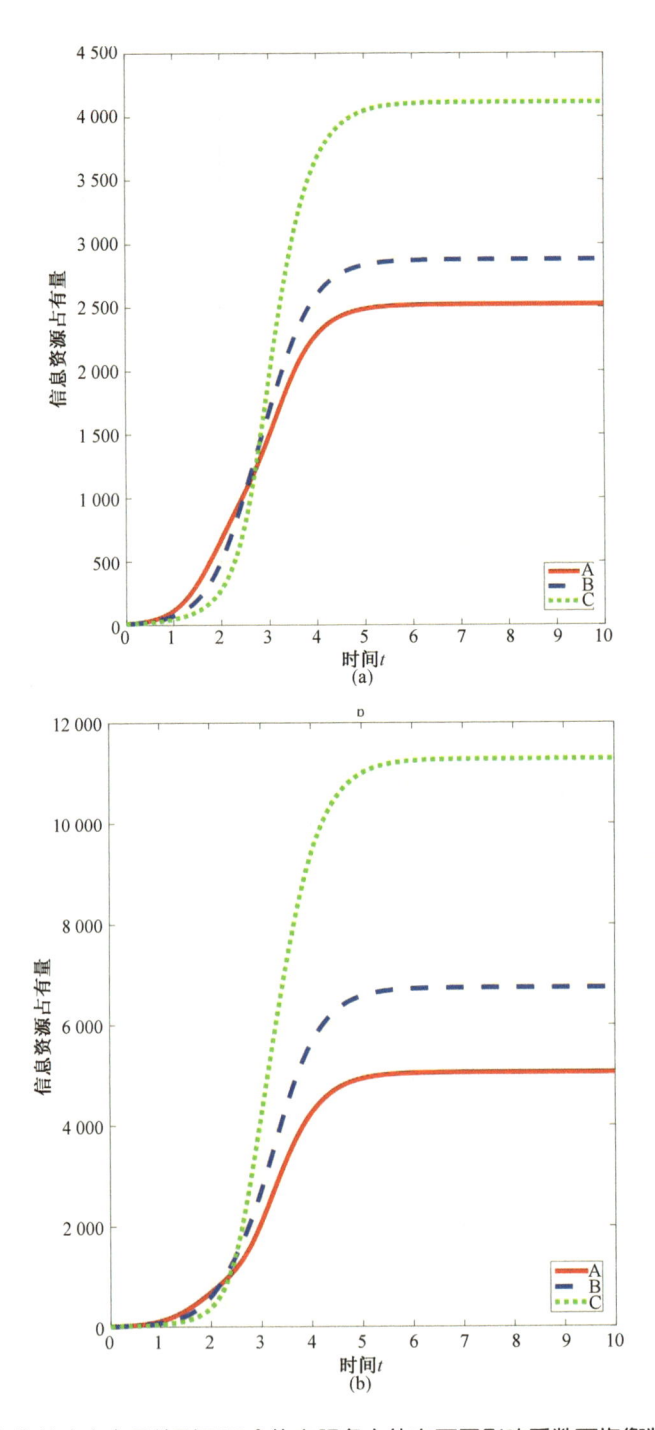

图 3-10 合作效应占主导情形下三个信息服务主体在不同影响系数下均衡状态的变化

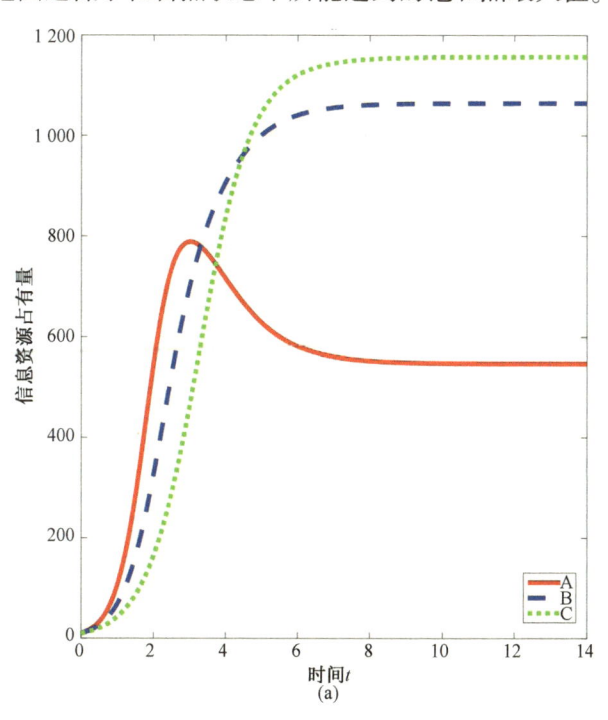

(4) A、B、C 两两之间竞争效应与合作效应混合主导的情形

三个信息服务主体自然有三对合作竞争关系,上述分析了三对合作竞争关系均为竞争效应占主导或均为合作效应占主导的情形,然而更复杂的还是三对合作竞争关系中既有竞争效应占主导又有合作效应占主导的情形,主要分为两类:①有两对关系以竞争效应为主导,另一对关系以合作效应为主导。不妨设 A、B 之间和 A、C 之间竞争效应占主导,B、C 之间合作效应占主导,如图 3-11(a)所示,取 $\delta_{AB}=-0.1, \delta_{AC}=-0.3, \delta_{BA}=-0.2, \delta_{BC}=0.15, \delta_{CA}=-0.2, \delta_{CB}=0.25$;②有两对关系以合作效应为主导,另一对关系以竞争效应为主导。不妨设 AB 之间竞争效应占主导,BC 之间和 AC 之间合作效应占主导,如图 3-10(b)所示,取 $\delta_{AB}=-0.1, \delta_{AC}=0.3, \delta_{BA}=-0.2, \delta_{BC}=0.15, \delta_{CA}=0.2, \delta_{CB}=0.25$。

就图 3-11(a)而言,A 貌似被"孤立",B 和 C 对 A 产生的阻滞作用均强于促进作用,所以 A 在达到波峰后,由于 B 和 C 的相互协同促进,A 的信息生态位被挤占,信息资源占有量逐渐衰减趋于平衡,所达到的信息服务市场饱和空间的最大范围远低于在自然状态下所能达到的饱和点最大值。

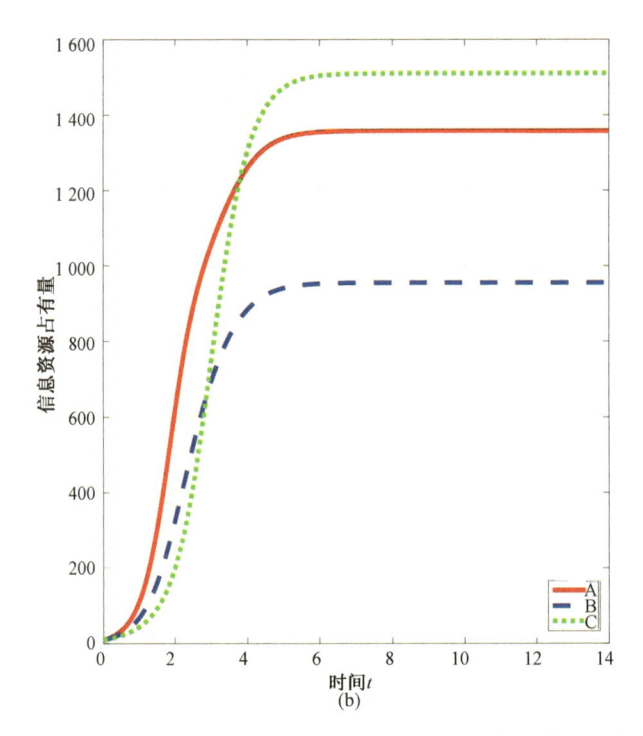

图 3-11　竞争效应与合作效应混合主导情形下三个信息服务主体合作竞争演化趋势

就图 3-11(b)而言,有两对关系以合作效应占主导,A 对 B 的净效应为阻滞作用,C 对 B 的净效应为促进作用,A 对 B 的净效应略强于 C 对 B 的净效应,所以 B 所达到的信息服务市场饱和空间的最大范围略低于最大值 1 000;B 对 A 的净效应为阻滞作用,C 对 A 的净效应为促进作用,C 对 A 的净效应明显强于 B 对 A 的净效应,所以 A 所达到的信息服务市场饱和空间的最大范围明显高于最大值 1 000。另外,该种情形下实现稳定均衡状态与图 3-10(a)相比所需时间更短。

综合对比图 3-8(a)、图 3-9、图 3-10(a)与图 3-10(b),这四幅图合作竞争系数的绝对值均相同,仅符号不同,可以发现竞争效应与合作效应混合主导的情形对信息资源的有效利用状况明显强于竞争效应占主导的情形,但与合作效应占主导的情形相比还是大打折扣。因此,净效应为促进作用且占主导的情况下才能最大限度地利用信息资源,并拓宽信息服务市场空间,信息服务主体可有效整合自身的信息资源,适时扩展、压缩或迁移信息生态位,趋利避害,充分发挥其他信息服务主体对自身的协同影响力,尽量规避相互间的抑制阻碍作用。另外,三个信息服务主体为防止"一家独大"的垄断局面,还必须在相互促进的同时相互牵制,所以强调合作式的竞争,以形成信息反馈环,实现信息共建共享,这可以提高信息消费者对用户服务体验的价值感知,从而吸引更多用户在信息服务市场内传播与利用自身所需要的信息,以促进信息流转与信息循环。

(5)不同初始扩张速率对均衡状态的影响

为了验证初始扩张速率对均衡状态的影响,在 $\delta_{AB}=\delta_{AC}=\delta_{BA}=\delta_{BC}=\delta_{CA}=\delta_{CB}=0$ 的情况下,取 $r_A=1.2, r_B=2.4, r_C=3$,模拟结果如图 3-12(a)所示,与图 3-8 对比;在 $\delta_{AB}=-0.1, \delta_{AC}=-0.3, \delta_{BA}=-0.2, \delta_{BC}=-0.15, \delta_{CA}=-0.2, \delta_{CB}=0.25$ 的情况下,取 $r_A=1.2, r_B=2.4, r_C=3$,模拟结果如图 3-12(b)所示,与图 3-8(a)对比;在 $\delta_{AB}=0.1, \delta_{AC}=0.3, \delta_{BA}=0.2, \delta_{BC}=0.15, \delta_{CA}=0.2, \delta_{CB}=0.25$ 的情况下,取 $r_A=1.2, r_B=2.4, r_C=3$,模拟结果如图 3-12(c)所示,与图 3-9 对比;在 $\delta_{AB}=-0.1, \delta_{AC}=-0.3, \delta_{BA}=-0.2, \delta_{BC}=0.15, \delta_{CA}=-0.2, \delta_{CB}=0.25$ 的情况下,取 $r_A=1.2, r_B=2.4, r_C=3$,模拟结果如图 3-12(d)所示,与图 3-11(a)对比。

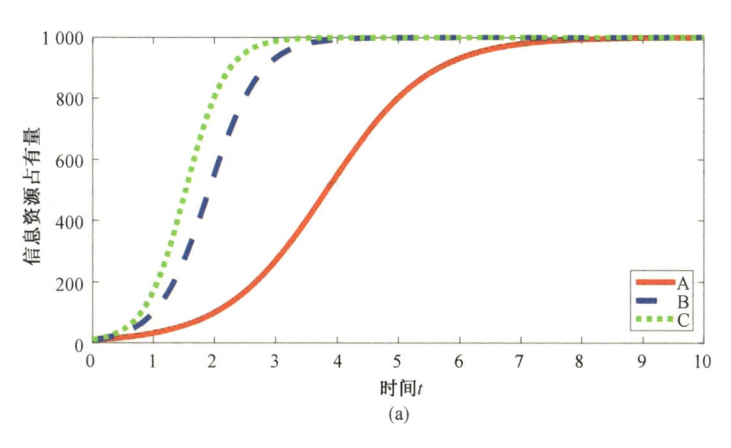

(a)

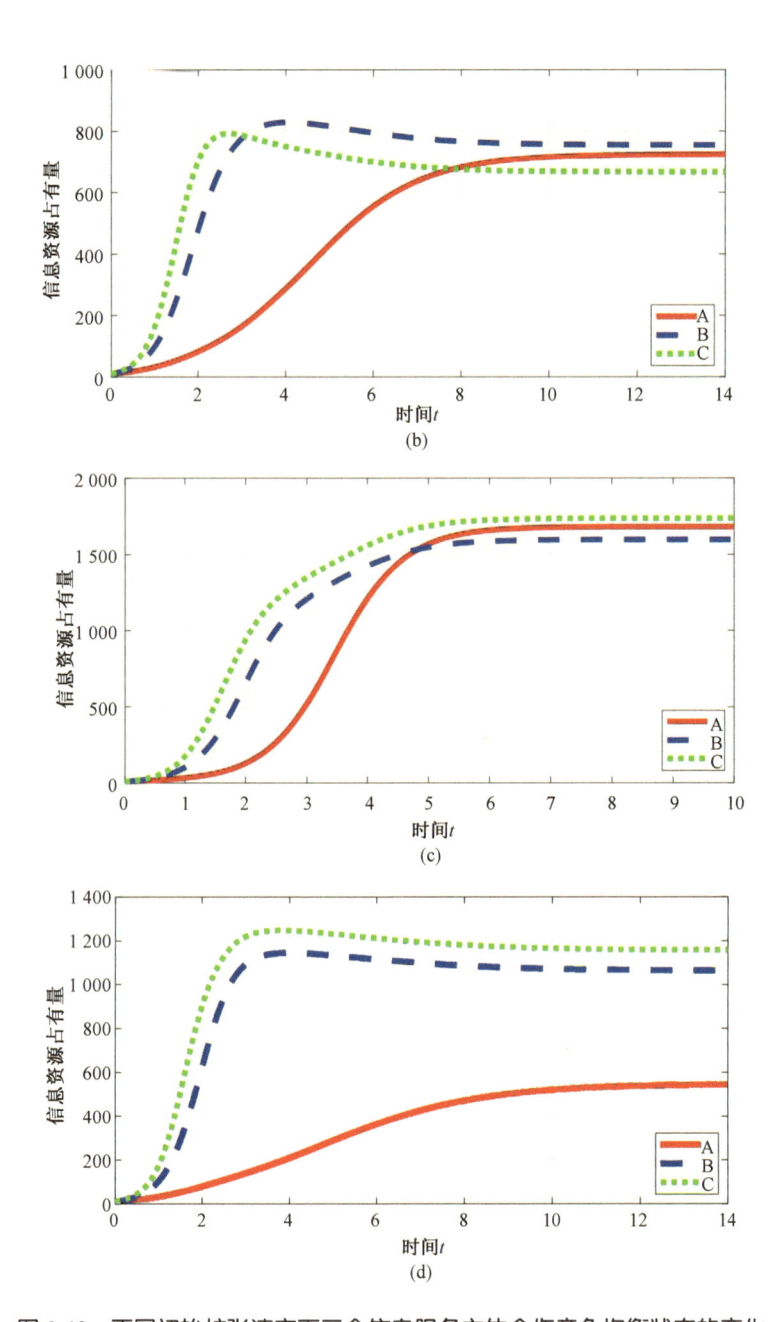

图 3-12　不同初始扩张速率下三个信息服务主体合作竞争均衡状态的变化

三个信息服务主体合作竞争的最终均衡结果与初始扩张速率 r 无关，只是信息资源占有量曲线的拐点与达到均衡状态所需的时间与 r 相关，同时 r

也影响曲线的斜率,r越大,则曲线斜率越大。因此,上文的仿真模拟实验在任何初始扩张速率下都会成立,这是因为不论初始扩张速率为何值都不会改变信息服务主体之间的合作竞争关系,也不会改变相互间的阻滞或促进作用,因此并不能改变稳定均衡的最终结果。

3.5 仿真结果分析

对移动商务信息服务主体的合作竞争关系进行了仿真模拟,由两个信息服务主体向三个信息服务主体扩展,展现出信息服务主体对信息资源占有的演化过程,并通过调整各项参数指标考察了这些参数对其信息资源配置影响的规律。

1) 仿真模拟实验结果表明合作竞争是移动商务信息生态中不可避免的状态,通过适度合作竞争,最终都能实现稳定共生的平衡状态。因为信息资源配置的共同目标是价值增值,过度竞争或不公平的竞争会破坏这种生态平衡,不利于信息资源的优化配置,而合作关系如果不能控制在合理程度,会使得信息资源之间的差异化缩小,信息同质化增加,造成重复建设,不利于信息资源的共建共享。

2) 纯粹的合作与竞争关系都是非常极端的情况,合作与竞争并存的状态才比较符合移动商务信息服务生态系统实际,对模型进行扩展改进,定义合作竞争系数,调整参数范围进行仿真模拟比较,观察合作效应与竞争效应的强弱,系统中呈现出互利共生的耦合机制、竞争对抗的耦合机制、偏利耦合机制、偏害耦合机制等,发现信息服务主体能否在合作式的竞争中取得优势,最终取决于其净效应的大小。信息服务主体的合作竞争系数绝对值越大,就越容易受到对方的协同作用。

3) 当合作效应较强时,信息服务主体的信息资源空间会扩张,也就是说对方的存在对自身的促进作用会大于阻碍作用,使得自身的信息资源环境承载力提升;反之,当竞争效应较强时,便无法达到自身信息资源占有量的饱和点。在移动商务信息服务生态系统运行过程中,信息服务主体在独立发展演化时会受自身信息资源空间承载量的限制,当结成联盟进行信息共建共享后,由于相互作用的耦合机制,信息资源空间会发生改变,这种改变一定程度上体现出信息服务主体之间的合作与竞争作用的强弱。信息服务主体通过结成技术联盟等利益共同体参与信息资源的建设与利用,保持恰当合理的合作竞争关系,有利于移动商务信息服务资源的优化配置和高效利用,实现平等基础之上的利益共享机制与发挥效率优先激励机制。

4)信息服务主体之间以合作效应占主导的情形才是为实现价值增值而追求的终极理想模式,以竞争效应为主导会影响信息资源的有效利用,以合作效应为主导才能在"共存共生"的基础上实现"共赢",从而结成利益共同体,以实现价值增值的最终目标。在5G时代,移动运营商和设备供应商等移动商务信息服务主体垄断市场的局面一去不复返了,为了更好地满足信息消费者日益增长的需求,必须结成技术联盟等利益共同体,和其他信息服务主体团结协作,使资本、人才、技术以及信息资源可以灵活有效地进行整合,从而能提供更优质的信息服务。

3.6 最优合作竞争模式

3.6.1 最优合作模式

具有相同或相似业务类型的企业可以与其他企业建立合作伙伴关系,可通过数据交换的方式,将自己拥有的信息资源与其他企业共享。共同利用各自的信息资源,共同提供高质量的信息服务,实现互利共赢,从而更好满足用户需求。例如,电商平台可以将卖家的商品信息共享给买家,帮助买家更好地作出购买决策。对于具有独特技术或知识的创新型企业,可以通过知识产权共享的方式,与其他企业共享其专有的技术或知识。企业可以通过共同访问、共同利用大数据平台等方式,将各自的信息资源整合起来,达到共赢的目的。比如,多个企业合作使用同一数据中心的服务器,共享数据存储空间,从而降低成本,提高竞争力。企业可以共同开发新产品、新技术或新服务,共享知识和成果,也可以分工合作,共同完成某个项目。比如,多个企业合作开发一项新的移动支付技术,将各自的技术优势整合起来,开发出更加先进的移动支付服务。企业可以通过组建联盟、合资合作或特许经营等方式共同开展业务,加强合作的力度和效果,实现共赢。比如,多个物流企业成立联盟,共同合作进行物流服务,从而提高物流效率,降低成本,提高企业市场地位。

企业之间可以在同一产业链上进行水平合作,共享信息资源和技术支持,实现互利共赢。例如,电商平台可以与物流公司合作,提供快速、准确的物流服务。企业之间可以在相同的业务领域内进行垂直合作,共享专业技能和经验,提高业务水平和效率。例如,同行业的电商平台可以互相合作,共同推广各自的产品和服务。企业之间可以在不同业务领域内进行多元化合作,实现资源互补和优势整合。

3.6.2 最优竞争激励模式

通过降低价格和差异化定价的手段增加自身的市场份额,根据提供的不同服务质量定价,以激励企业提升市场竞争力。对于具有技术创新能力的企业,可通过技术创新和产品创新提升信息服务质量和用户体验,从而吸引更多的用户和商家进入生态系统。通过提供更好的客户服务和售后服务,提升用户满意度和忠诚度,从而增加用户的回购率和口碑。通过打造独特的品牌形象和品牌文化,提升用户对品牌的认知和信任度,从而吸引更多的用户和商家进入生态系统。对企业提供的服务质量进行评估和考核,表现好的企业可以获得更多的奖励和优惠政策,激励企业提供优质服务。可通过定期评选出优秀企业,激励企业提供高质量的信息服务。比如,最具国际竞争力企业、最佳服务商等行业评比可以激励企业提供优质服务。通过建设知名品牌以及维护品牌形象提高企业的知名度和形象,吸引更多用户和客户,从而激励企业提供高质量信息服务,增加竞争优势。

3.7 信息服务主体最优服务策略

3.7.1 建立合理的奖惩机制

增加电商企业、电商平台以及政府部门的收益和处罚,有助于提高移动电子商务信息服务质量。电商平台作为信息服务的直接管理者,为电商信息生态系统提供有效的奖惩机制,可以刺激电商企业提供更多的优质信息服务,规避劣质的信息服务,净化整个电商信息生态环境;电商企业在平台的各种激励政策下,选择优质信息服务的收益远远大于劣质信息服务,从而驱动电商企业提升信息服务质量;而政府应制定完善的标准规范,为行业公平竞争提供强有力的支持保障,使得电商平台主动整改有法可依,有据可循。此外,社会媒体应充分发挥外部监督作用,让政府工作变得更为透明,促使政府对电商平台实施严格监管。

3.7.2 适当降低控制水平与调控力度

电商平台在政府处于宽松监管时可加大主动参与控制水平,充分履行社会责任,而当政府严格落实行业监管责任时,电商平台可适当降低调控水平,协同政府一起在双重监管下推动平台的发展。政府在电商平台消极管理时可加大政府调控力度,引导电商平台发现问题、积极整改,而当电商行业秩序基本稳定时,政府可减少对市场的过多干预,释放电商市场主体活力。因此,在电商市场良性发展下,充分发挥政府的主导作用,调动电商平台管理的积极主动性。

3.7.3 有效控制成本

降低电商企业、电商平台和政府部门选择"优质信息服务,积极管理,严格监管"策略的成本,缩小成本差,有助于三方主体选择更为理想的策略。虽然成本因素不能直接提高移动电子商务的信息服务质量,但缩小成本差使得三方主体选择稳定策略的概率增加。电商企业要取得信息服务的成本优势,应对整个信息服务生命周期的成本进行控制,如信息发布成本、信息渠道成本、信息维护成本等。成本差的变动对电商平台影响最大,电商平台有效的成本控制可以加快电商平台策略选择的演化速度。对于政府而言,高额的成本不仅增加了政府的负担,而且能够折射出政府的执行力和公信力。政府要不断探索提高成本的控制能力以及资源的利用效力。因此,减少成本差有利于电商企业、电商平台以及政府部门的理性决策,是间接提高移动电子商务信息服务质量的重要措施。

3.8 本章小结

本章讨论了移动电子商务信息服务主体行为模式的相关概念和理论,改进与扩展 Lotka-Volterra 模型,在移动商务信息服务生态系统运行环境下,对移动电子商务信息服务主体的合作竞争模式进行了实证研究,探讨了移动商务信息服务主体之间的合作与竞争关系,根据研究结果提出最优的合作竞争模式及最优信息服务策略。

第4章 移动电子商务用户信息服务行为研究

4.1 网络用户信息行为

移动电商用户对商品信息有需求时,会在移动社交媒体上进行相关信息的搜寻。当用户感知信息有用时,会促使用户采纳信息,从而形成信息搜索行为-信息采纳行为的转化。在采纳信息之后,网络用户会提升对平台的信任度。当再次出现信息需求时,用户通常会继续选择使用过的社交媒体平台来满足自己的需求,从而完成信息采纳行为-持续搜寻行为的转化。

国内外学者进行了广泛研究,探讨了信息搜索、检索和采纳等多个方面。Sussman(2003)认为信息质量、信息来源的可信度以及信息的有用性是影响信息采纳的关键因素,并提出了信息采纳模型[111]。Bhattacherjee A.(2001)分析了用户持续使用社交媒体的行为,认为感知有用性、期望确认和用户满意度是驱动这一行为的主要因素[112]。然而,在特定外部或内部因素的影响下,不同的信息行为之间可以发生相互转换。Yan 和 Davison(2013)在研究信息搜寻与信息贡献行为的相互转化过程中,提出了三个关键影响因素:自我感知、乐于助人和全情投入。研究发现,这些因素在解释个体信息行为如何相互作用和相互转化中起着重要作用[113]。通过文献分析发现,现有研究成果多集中于用户信息某个具体行为,缺乏信息行为之间的整合性研究。

由于网络的开放性以及平台监管不健全,造成平台信息真假难辨、良莠不齐,用户无法从中采纳有效的信息甚至对平台产生不信任。为了研究用户信息服务行为受到哪些因素影响,在整个信息行为流程中有效促进用户信息服务行为的转化,本章构建了用户信息服务行为转化模型。在信息采纳模型IAM和期望确认模型ECM整合的基础上,研究移动电商用户评论信息采纳和持续搜寻行为,深入理解用户信息行为特征,探索采纳行为和持续搜寻行为的影响因素和转化过程。用户评论信息包括对商品使用体验、产品质量、售后服务等方面的评价和建议,可提高用户对商家及商品的信任度。为了提升移动电子商务系统信息服务质量,基于信息采纳模型以及期望确认模型,构建用户信息行为转化理论模型。

4.2 信息行为转化理论模型

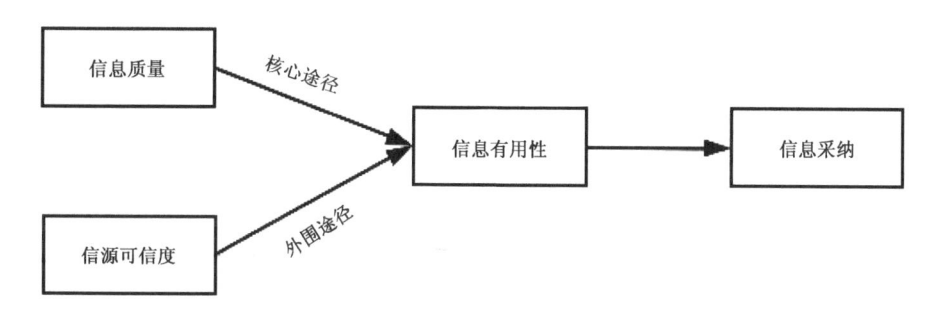

4.2.1 信息采纳模型

信息采纳模型(IAM)融合了 TAM 模型的感知有用性因素,并在 ELM 模型基础上对其核心及外围路径予以保留[114](见图 4-1)。

图 4-1 信息采纳模型(IAM)

其中,核心路径涉及个体对信息的深入思考与加工,伴随大量的认知努力,最终形成态度的转变。这一过程受到信息有用性的影响,进而间接作用于信息采纳行为。Cheung(2012)认为信息质量的优劣直接关乎个体是否接纳信息,高质量信息因呈现更多特性而更易引发用户的积极反馈[115]。同时,

Chou(2015)在探讨时间压力调节作用的背景下发现,信息质量和信源可信度作为关键因素,对虚拟社区用户的知识采纳具有正面推动作用[116]。现有的研究已经经验性地证实了信息采纳模型在解释用户行为选择方面具有显著的效用。

4.2.2 期望确认模型

期望确认模型(ECM)最初由 Oliver 在 1980 年提出,旨在阐释消费者在信息服务系统中持续使用的行为,其基本观点是消费者的再次购买意愿取决于他们过去的购买体验满意度[117]。Bhattacherjee A.(2001)基于期望确认理论,并结合 Davis(1989)的技术接受模型,提出了一个期望确认模型。研究表明,消费者再次购买的意愿与他们之前的购买满意程度密切相关。具体来说,消费者会将购买前对商品或服务的感知期望与购买后的感知绩效进行比较。当感知期望低于感知绩效时,便产生了期望确认,这会导致消费者满意度的提高,并可能影响他们未来购买的意愿[92]。在 ECM 模型中,四个核心因素相互关联:感知有用性、期望确认、满意度和持续使用意愿。满意度是持续使用意愿的关键影响因素,而期望确认和感知有用性则分别对满意度产生作用(见图 4-2)。

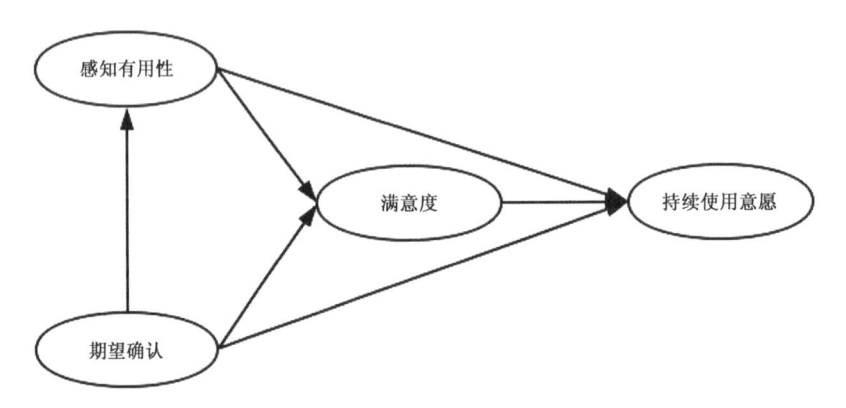

图 4-2 期望确认模型(ECM)

ECM 模型在信息系统使用行为的相关研究中已被证实为有效分析消费者持续使用意愿的工具,这一发现为本书研究信息的持续搜寻行为提供了坚实的理论基础。

4.3 研究假设

4.3.1 研究模型构建

用户评论信息作为一种特殊的信息类型,与其他类型的信息相比,虚假的评论信息甚至会威胁到用户是否购买商品的决策。用户感知采纳评论信息带来的收益是否会高于风险造成的损失,判断结果往往会影响用户的信息采纳行为。Shun-Yao 等(2016)将感知风险这一因素纳入到信息采纳模型中,研究感知风险如何影响网站的个人信息采纳过程,结果表明,感知风险能直接或间接地通过感知有用性显著增加信息采纳意愿[118]。因此,感知风险是影响用户评论信息采纳行为的一个重要变量。

本研究以 IAM 模型和 ECM 模型为理论基础,增加了感知风险这一变量,构建了用户评论信息采纳-持续搜寻行为转化理论模型(见图 4-3)。该模型由信息采纳行为和信息持续搜寻行为两方面的因素构成,其中,信息采纳行为保留了 IAM 模型中的信息质量、信源可信度和信息有用性这三个变量。从信息内容本身上看,可将信息质量和信源可信度合并为信息因素这个变量。信息持续搜寻行为保留了 ECM 模型中的感知有用性、满意度和持续意愿这三个变量。而期望确认在移动电商用户评论信息的研究中可分成用户的感知期望和信息采纳这两个变量。用户的期望是获取评论信息之前所积累的感知期望,而确认是对评论信息内容的认同继而产生的信息采纳。根据用户评论信息的特点,用户更关注信息存在的风险以及在采纳信息之后可能带来的损失,所以感知风险是研究用户评论信息采纳和持续搜寻行为的一个重要变量。在构建的理论模型中,通过研究感知期望、感知风险、信息因素、感知有用、信息采纳、满意度和持续搜寻之间的因果关系,分析移动电商用户评论信息采纳行为和持续搜寻行为转化过程中的各种影响因素及关系。

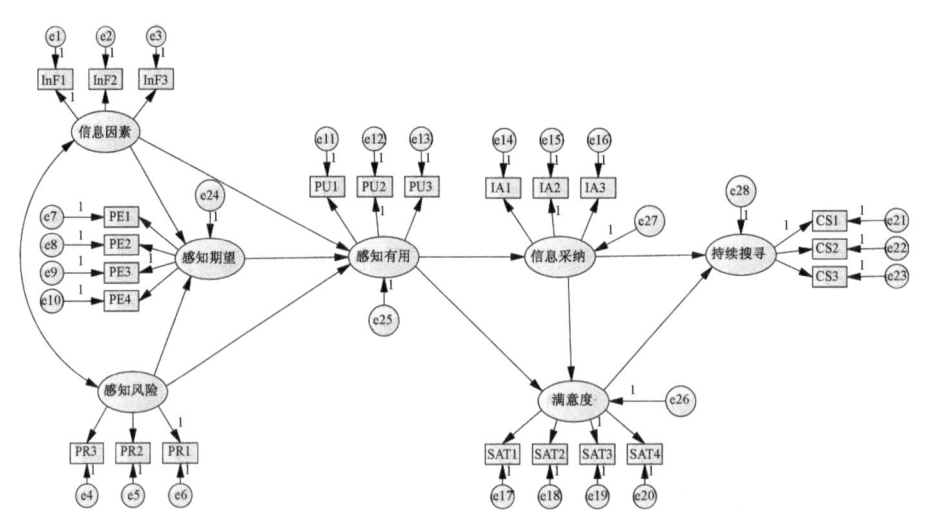

图 4-3 用户评论信息采纳-持续搜寻行为转化理论模型

4.3.2 基于 IAM 的研究假设

(1) 信息因素与感知有用、感知期望

在信息采纳模型中,信息因素主要由信息质量和信源可信度两个方面组成。过去的研究中,学者们往往将信息质量和信源可信度视为影响信息采纳的独立要素。然而,考虑到它们都是从信息内容本身出发进行描述的,因此本研究选择将这两者合并,统一作为信息因素来深入探讨。Weiss 等(2015)认为信息质量对个人的健康决策和行为产生重要影响[119]。Rabjohn 等(2008)探究微信健康信息对用户行为意图的影响过程,认为信息的质量以及信源的可信度对提升用户感知信息的有用性起到了积极作用[120]。当信息来源具有权威性时,提供的信息内容更加符合需求,这会增强个体对信息的有用性感知,并提高他们对信息所能带来的益处的期望。基于此,本研究提出以下假设:

H1:信息因素对感知有用存在显著的正向关系。

H2:信息因素对感知期望存在显著的正向关系。

(2) 感知风险与感知有用、感知期望

感知风险的概念最早可以追溯到 Raymond Bauer 在 1960 年代提出的消

费者行为理论。他指出消费者在购买产品或服务时,往往无法准确判断其结果,尤其是在涉及不确定性或潜在负面后果的情况下。消费者的感知风险指的是他们对购买决策可能带来的负面结果的担忧和不确定性,这种心理状态可能会影响其购买行为[121]。在本研究中,当网络用户感受到信息存在潜在风险,他们可能认为采纳这些信息会对自身利益造成损害。这种感知会直接影响他们对信息有用性的评价,导致其评价较低。换言之,用户对信息所感知的风险越高,对该信息的有用性评价就越低,进而其感知期望也会相应下降。基于此,本研究提出以下假设:

H3:感知风险对感知有用存在显著的负向关系。

H4:感知风险对感知期望存在显著的负向关系。

(3)感知期望与感知有用

感知期望是指个体在进行信息行为前,对行为之后获得回报的预期感知,以及在采纳信息行为时获取信息所付出努力的程度。感知期望包括努力期望和绩效期望,努力期望是用户利用移动电商平台获取评论信息所需要付出时间和精力的程度,绩效期望是用户相信移动电商平台可以帮助其管理的有效程度。个体在移动电商平台上很容易获取大量的信息,而在这些信息中个体感知能给自身决策带来的帮助越有效,感知信息的有用性就越强。基于此,本研究提出以下假设:

H5:感知期望对感知有用存在显著的正向关系。

(4)感知有用与信息采纳

感知有用性是指个体主观上认为新技术能够提升其工作和生活的效率[92]。后续研究进一步证实了感知有用性在信息采纳过程中的核心中介作用,是解释个体为何采纳信息的关键因素。结合本研究,用户在原有的对商品信息了解的基础上,感知新的用户评论信息能够有效提高购买商品决策,在某种程度上用户会选择采纳此信息。因此,个体对用户评论信息的感知有用性越大,对信息采纳的可能性就越高。基于此,本研究提出以下假设:

H6:感知有用对信息采纳存在显著的正向关系。

4.3.3 基于 ECM 的研究假设

(1) 满意度与持续搜寻

满意度是衡量消费者在购买体验中达到其预期心理状态的综合指标。在移动电商平台上,通过深入分析用户已采纳的信息,平台能够不断挖掘用户的真实需求,并快速响应用户的需求,向他们展示所需的信息。这种精准匹配和快速响应的方式能够为用户带来愉悦的使用体验,从而促使用户持续使用该平台。因此,满意度越高,用户越有可能持续、高频地搜寻信息。基于此,本研究提出以下假设:

H7:满意度对持续搜寻存在显著的正向关系。

(2) 信息采纳与满意度、持续搜寻

信息采纳是指个体在评估信息的有效性和有用性后,所表现出的愿意接受该信息的程度[122]。在信息行为中,信息采纳和持续搜寻是用户在处理健康信息时的两个核心环节。信息采纳行为直接促进了用户向持续搜寻行为的转变。同时,信息被采纳,说明用户可以在平台上找到自己所需的信息,从而提升了用户的满意度。信息采纳不仅可以直接转化为持续搜寻行为,还可以通过影响用户的满意度来间接促进这种转化。因此,个体对信息的采纳程度越高,他们对信息的满意度就会相应提升,从而更频繁地持续搜寻相关信息。基于此,本研究提出以下假设:

H8:信息采纳对满意度存在显著的正向关系。

H9:信息采纳对持续搜寻存在显著的正向关系。

(3) 感知有用与满意度

在 ECM 模型中,感知有用是信息行为研究中信息系统持续使用影响满意度的重要因素,主要研究感知有用、信息采纳和满意度这三者之间的关系。用户在平台上获取大量感知有用的消息,能够满足信息的需求,从而增加对社交媒体平台使用的满意度。感知有用性能够间接影响用户对信息的满意度。当用户认为信息对他们有用时,他们更可能采纳这些信息,从而提高他们对信息的满意度。因此,个体对信息的感知有用性越大,他们对这些信息

的满意度也就越高。基于此,本研究提出以下假设:

H10:感知有用对满意度存在显著的正向关系。

综上所述,基于上述理论基础和研究假设,并结合信息的特点,初步识别了7个影响信息采纳和持续搜寻行为的因素:信息因素、感知期望、感知风险、感知有用、信息采纳、满意度和持续搜寻。

4.4 研究设计

4.4.1 问卷设计过程

本研究采用问卷调查法收集数据,量表设计基于李克特5级评分,从"非常不同意"到"非常同意",分别对应1至5分。为确保量表具备高信度和效度,在编制过程中参考了现有量表及相关文献,同时结合了移动电商平台用户信息行为的特点。完成问卷设计后,邀请了30位受访者参与预调查。根据预调查结果,对问卷进行了调整,以确保其准确性和可靠性。最终形成的正式问卷包含7个潜在变量和23个观测变量(见表4-1)。

表4-1 变量测度项

潜在变量	测度项	文献来源
信息因素 (InF)	信息内容是跟商品知识紧密相关的	Bailey & Pearson(1983)
	信息发布者在该领域是具有权威的	Delone W. H.(1992)
	平台提供的信息是准确可信的	Delone W. H.(2003)
感知有用 (PU)	评论信息能让我对商品有所了解	Bailey & Pearson(1983)
	我对商品方面的疑惑能够被正确解答	
	信息能够帮助了解商品,改善预期	
感知期望 (PE)	信息很容易被理解	V. Venkatesh(2003)
	信息提供的方法很容易实施	B. Kijsanayotin(2009)
	信息有助于我制定正确的购买计划	
	信息能帮助我达到预期的利益	

续表 4-1

潜在变量	测度项	文献来源
感知风险 （PR）	关注采纳信息是否会花费我太多的时间	Peter & Tarper（1975）
	关注采纳信息是否会花费我太多的金钱	Jacoby & Kaplan（1972）
	关注采纳信息是否会给我造成心理压力	Mitchell（1992）
满意度 （SAT）	对平台搜寻信息的体验感到满意	Bhattacherjee A.（2001）
	平台能快速满足我对商品信息的需求使我感到高兴	
	平台能让我获得所需的信息使我感到满足	
	我用平台搜寻信息的过程还算比较顺利	
信息采纳 （IA）	我对比较认同的信息会点赞、转发	Wu & Shaffer（1987）
	我会根据信息的观点、建议去改变我的购买计划	Sussman & Siegal（2003）
	我会根据比较认同的信息去制定我的购买计划，并坚持实施	
持续搜寻 （CS）	今后我会继续使用该平台来搜寻信息	Bhattacherjee A.（2001）
	我会保持甚至适当增加搜寻信息的频率和关注度	
	有信息需求时，我会优先考虑使用平台作为解决方式	

4.4.2 数据收集

本次问卷主要面向关注商品信息的移动电商平台用户，通过问卷星平台进行线上数据收集。在 2022 年 5 月 3 日至 24 日期间，共收到 283 份问卷。为确保数据质量，对问卷进行了筛选，剔除了全选"非常不同意"或答题时间过短的问卷，最终保留 261 份有效问卷，占总样本的 92%。在性别分布上，女性占 38%，男性占 62%；在年龄上，19—25 岁的受访者占 67%，18 岁以下、26—35 岁和 35 岁及以上的分别占 3%、23%、7%；在教育程度上，大专和本科学历的用户较多，分别占 40% 和 50%，高中和研究生及以上学历的用户相对较少，分别占 3% 和 7%；39% 的用户更频繁地搜寻信息，48% 的用户搜索频率有所增加，12% 的用户保持不变，仅有 1% 的用户几乎未搜索过。

4.5 模型验证

4.5.1 测量模型检验

(1) 信度分析

信度分析用于评估量表的稳定性、一致性和可靠性。本书运用SPSS 25.0软件计算克隆巴赫Alpha系数(Cronbach's α)来检验量表信度。通常认为，Cronbach's α值大于0.7即可接受。通过计算(见表4-2)，各解释变量的Cronbach's α值均超过0.8，这表明量表具有较高的可信度。

表4-2 信度分析

维度	克隆巴赫Alpha系数	题目数目
信息因素	0.891	3
感知有用	0.944	3
感知期望	0.968	4
感知风险	0.947	3
满意度	0.969	4
信息采纳	0.934	3
持续搜寻	0.962	3

(2) 收敛效度分析

本研究运用AMOS 22.0软件对标准化因子负荷量、组合信度(CR)和平均变异数萃取量(AVE)进行了深入分析。如表4-3所示，各潜在变量的标准化负荷量均超过0.8，显著高于可接受值0.5，且非标准化的p值小于0.001。这表明研究中各因素的值均可被接受。进一步观察，CR值均在0.8以上，远超可接受值0.6，这表明解释变量内部一致性极高。同时，AVE值均在0.7以上，远超可接受值0.5。综上所述，标准化因子负荷量、CR和AVE的值均符合或超过了可接受标准，从而验证了模型解释变量具有较高的收敛效度。

表4-3 收敛效度检验

		非标准化负荷量	SE	t-value	p	标准化负荷量	SMC	CR	AVE
信息因素	InF2	1.040	0.059	17.764	***	0.873	0.762	0.891	0.731
	InF3	0.974	0.059	16.411	***	0.823	0.677		
	InF1	1				0.868	0.753		
感知风险	PR1	1				0.941	0.885	0.948	0.858
	PR2	1.032	0.035	29.866	***	0.944	0.891		
	PR3	1.023	0.041	24.893	***	0.894	0.799		
感知有用	PU2	1				0.921	0.848	0.943	0.846
	PU3	0.971	0.039	25.022	***	0.910	0.828		
	PU1	1.014	0.039	26.066	***	0.929	0.863		
感知期望	PE3	1				0.945	0.893	0.968	0.883
	PE2	0.973	0.030	32.044	***	0.946	0.895		
	PE1	0.964	0.035	27.926	***	0.914	0.835		
	PE4	0.976	0.029	33.467	***	0.954	0.91		
持续搜寻	CS1	1				0.947	0.897	0.957	0.881
	CS2	1.009	0.033	31.037	***	0.936	0.876		
	CS3	0.991	0.029	33.691	***	0.933	0.87		
信息采纳	IA2	1				0.936	0.876	0.946	0.853
	IA3	0.965	0.034	28.189	***	0.929	0.863		
	IA1	0.954	0.037	25.760	***	0.905	0.819		
满意度	SAT3	1				0.953	0.908	0.969	0.887
	SAT2	0.989	0.030	33.34	***	0.945	0.893		
	SAT1	1.004	0.030	33.238	***	0.944	0.891		
	SAT4	0.953	0.032	30.267	***	0.924	0.854		

注：***表示$p<0.001$

（3）区别效度检验

区别效度分析旨在验证两两构面之间是否存在显著差异。在进行区分效度检验时，首先将对计算结果中角线上的数值替换为AVE的平方根，并将这些值与所在列的其他值进行比较。如果对角线上的 AVE 平方根值高于该列中的其他所有值,那么这意味着解释变量之间具有良好的区别效度。据表 4-4 所示,对角线上的数值均大于其所在列的其他数值,这充分说明该模型中的各解释变量之间存在显著差异,并因此具备良好的区别效度。

表 4-4 区别效度检验

	感知风险	信息因素	感知期望	感知有用	信息采纳	满意度
感知风险	0.926					
信息因素	0.632	0.855				
感知期望	0.803	0.735	0.940			
感知有用	0.828	0.764	0.856	0.920		
信息采纳	0.801	0.739	0.827	0.821	0.924	
满意度	0.764	0.705	0.789	0.842	0.870	0.942

4.5.2 结构模型检验

(1) 适配度检验

表 4-5 展示了模型适配度的检验结果。其中,Chi-square/df、CFI、RMR 和 RMSEA 等关键指标符合模型适配度的标准。尽管 GFI 和 AGFI 的值略低于理想值,但它们仍然大于 0.8,处于可接受的范围之内。因此,本书构建的健康信息行为转化理论模型基本合理。

表 4-5 适配度检验

指标	适配的标准或临界值	统计值	模型适配判断
Chi-square/df	(3,5),<3 理想	2.375	合理
GFI	(0.8,0.9),>0.9 理想	0.867	接受
AGFI	(0.8,0.9),>0.9 理想	0.831	接受
CFI	(0.8,0.9),>0.9 理想	0.965	合理
RMR	(0.05,0.08),<0.05 理想	0.027	合理
RMSEA	(0.05,0.08),<0.05 理想	0.073	合理

(2) 模型路径分析

对结构模型假设路径的显著性检验时,p 值小于 0.05 说明两个解释变量间存在显著性关系。如图4-4所示,p值均小于0.001,说明假设路径显著成立。感知期望、感知有用、信息采纳、持续搜寻和满意度的解释能力分别为: 0.73、0.82、0.65、0.92、0.81。由此可见,本书构建的用户评论信息转化模型对信息采纳行为和信息搜寻行为的影响因素有较好的解释。

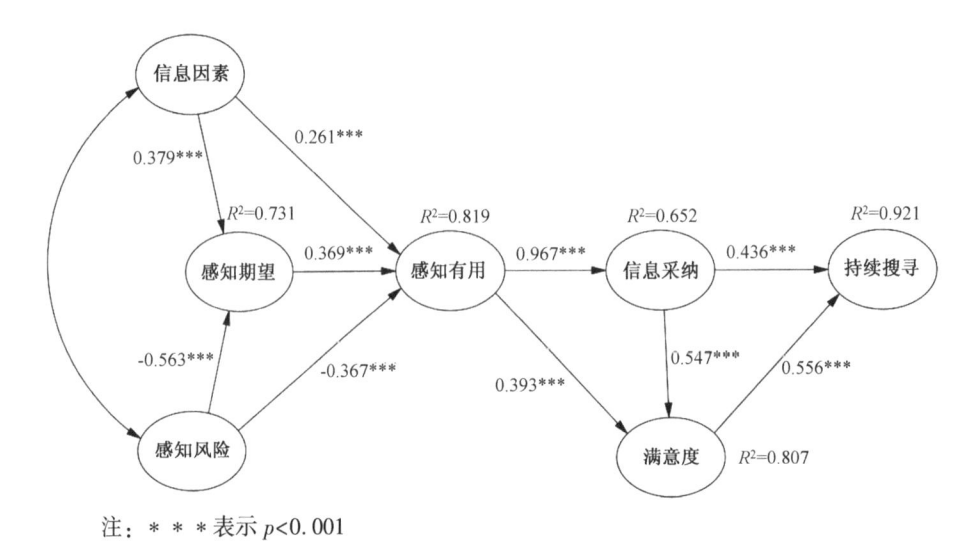

注：＊＊＊表示 $p<0.001$

图4-4 结构模型路径系数检验

4.6 检验结果分析

通过直接效果、间接效果和总效果比较分析信息行为转化模型潜在变量对信息采纳和持续搜寻的影响效果(见表4-6)。直接效果是两个潜在变量之间的标准化回归系数,间接效果是所有因变量的标准化回归系数的乘积。

表 4-6　潜在变量效果汇总表

路径	直接效果	间接效果	总效果
信息因素→信息采纳	0.000	0.388	0.388
感知期望→信息采纳	0.000	0.357	0.357
感知风险→信息采纳	0.000	−0.556	−0.556
感知有用→信息采纳	0.967	0.000	0.967
信息因素→持续搜寻	0.000	0.374	0.374
感知期望→持续搜寻	0.000	0.345	0.345
感知风险→持续搜寻	0.000	−0.537	−0.537
感知有用→持续搜寻	0.000	0.934	0.934
信息采纳→持续搜寻	0.436	0.304	0.740
满意度→持续搜寻	0.556	0.000	0.556
信息因素→满意度	0.000	0.370	0.370
感知期望→满意度	0.000	0.340	0.340
感知风险→满意度	0.000	−0.530	−0.530
感知有用→满意度	0.393	0.529	0.922
信息采纳→满意度	0.547	0.000	0.547
信息因素→感知有用	0.261	0.000	0.261
感知期望→感知有用	0.369	0.000	0.369
感知风险→感知有用	−0.367	0.000	−0.367
信息因素→感知期望	0.379	0.000	0.379
感知风险→感知期望	−0.563	0.000	−0.563

感知有用性对信息采纳具有直接且显著的影响,其直接效果系数为0.967,显示出显著的正向关系。用户会参考平台上的点赞、转发、评论等外部指标,以及自身的认知判断,来评估信息的价值。当他们认为这些信息对自己有用时,更可能采纳并据此作出决策。间接影响方面,感知风险、信息因素和感知期望也对信息采纳产生作用。其中,感知风险的影响尤为显著,但表现为负向关系,意味着用户对信息潜在风险的担忧可能阻碍其采纳行为。因此,降低用户的感知风险是提高信息采纳率的关键。信息因素和感知期望同样通过不同的路径和机制,对信息采纳产生间接影响。

满意度对持续搜寻具有直接且显著的正向影响,其直接效果系数为0.556,显示出较强的关联。这意味着,当用户对平台提供的信息感到满意时,他们更有可能继续进行信息搜寻。此外,信息因素、感知期望、感知风险和感知有用等变量对持续搜寻产生间接影响。其中,感知有用性的间接影响尤为突出,其间接效果系数为0.934。这表明,当用户认为平台上的信息对自己有用时,他们不仅更可能采纳这些信息,还会增加持续搜寻的动力。

信息采纳对满意度具有直接且显著的影响,其直接效果系数为0.547,表明用户的认可和赞同对满意度的形成起着重要作用。当用户积极采纳平台提供的信息时,他们对平台的满意度会相应提升。感知有用性不仅对满意度产生直接影响,还通过其他路径产生间接影响。这进一步强调了感知有用性在提升用户满意度方面的重要性。除了信息采纳和感知有用性,信息因素、感知期望和感知风险也对满意度产生间接影响。其中,感知风险的影响尤为突出,其间接效果系数为-0.530,表明当用户感知到信息存在潜在风险时,他们的满意度会相应降低。这种负向影响关系提醒我们,在提供信息时,必须重视并降低用户的感知风险,以提高他们的满意度。

信息因素、感知期望和感知风险均对感知有用性产生直接影响。其中,感知期望和感知风险的影响尤为明显,直接效果系数分别为0.369和-0.367。感知期望对感知有用性产生积极的推动作用,即当用户认为信息能够满足其期望时,他们会更加认为这些信息是有用的。相反,感知风险则对感知有用性产生消极的阻碍作用,当用户感知到信息存在潜在风险时,他们可能会认为采纳这些信息会造成损失,从而降低对信息有用性的感知。这表明,用户在评估信息的有用性时,会综合考虑信息的内容、自己的期望以及信息可能带来的风险。

信息因素和感知风险均对用户的感知期望产生直接影响,其中感知风险的影响尤为显著,尽管它是负向的,直接效果系数达到了-0.563。这表明用户对信息潜在风险的敏感度非常高。因此,为了确保用户能够积极采纳信息并持续进行搜索,平台需要提供准确、可靠且风险较低的信息。通过降低用户的感知风险,可以增加他们对信息的信任度和期望,从而促进信息的有效传播和用户行为的积极转变。根据本书研究结果,提出移动用户信息服务建设的优化策略。

4.7 用户信息服务提升策略

4.7.1 提高移动平台信息服务质量

(1) 提高移动平台信息服务质量

感知有用性对用户采纳信息起着关键性的影响,信息因素又显著影响感知有用,所以移动电商平台可从信息内容的有效性和发布来源这两方面加强审核。一些发布者为了增加文章的阅读量和用户关注,利用夸大的标题吸引用户的眼球,实则内容和标题根本不匹配,更有甚者对专家的发言断章取义。针对这一问题,移动电商平台应该对发布的内容和发布者加强审核,制定发布真实信息的相关标准,组建一支具有专业知识的审核团队,过滤掉内容不实、"标题党"等文章,提高移动电商平台信息服务质量。

感知有用对信息采纳和满意度有直接显著的正向影响,并通过影响信息采纳和满意度间接影响用户持续搜寻行为。用户主观感知信息是否有用对采纳信息和持续搜寻行为起着关键性的影响。移动电商平台可根据用户的需求向用户推荐所需的信息内容。例如,通过用户搜索的关键词、浏览记录、高频点击内容等方式判断用户的需求,优化平台的推荐算法,向用户推送所需的信息,使用户在平台上能轻松找到对自己有用的信息内容。而在感知有用的先行影响因素中,信息因素表现出显著的影响,也可从此方面提升感知有用性。移动电商平台可通过审核、甄别、过滤信息内容,降低不良信息对用户的干扰,提高平台整体的信息服务质量。同时,增加专业的发布者,提高信息发布的权威性,建立平台与用户之间的信任,从而有助于增加用户黏性和持续使用意愿。

（2）提高移动用户满意度，完善平台反馈机制

满意度对用户能否可持续使用移动电商平台有着显著作用。一般情况下，用户在使用过程中出现任何问题，需要及时找到解决办法。如果没有反馈功能，用户遇到问题不能解决，会直接影响用户持续使用。因此平台可在用户浏览页面多个位置设置反馈功能。用户可自主地反馈信息的虚假，或存在的疑问，后台人员及时处理用户反馈的意见，并给出准确的答复，提升移动电商平台在商品信息领域的服务水平。同时，平台可根据用户提出的问题，优化信息的内容和用户体验，为用户提供最符合需求的有用信息。

信息采纳和满意度对用户持续搜寻信息有显著的直接影响，其中满意度较信息采纳而言影响程度更高，这表明用户在使用该平台获取信息时，更关注实际使用后所得到的真实感受。因此，移动电商平台应提高用户在使用平台过程中的满意度，建立意见反馈机制，充分了解不同用户对商品信息方面的基本需求，为用户提供全面、及时、个性化的信息服务平台。此外，移动电商平台可围绕用户评论信息内容拓展增值服务，使用户在平台上体验到高品质、差异化的功能服务，比如，助手功能、私人咨询功能等等。用户在移动电商平台上不仅仅只获取到信息，还可以进行商品质量存档、在线咨询等服务。从细节上，让用户感受不一样的信息服务体验。针对信息的发布者，移动电商平台应建立奖励机制，鼓励更多的发布者提供优质的信息内容，在平台上发挥主动性，实现自我价值，获取认同感。

（3）提升全民的道德素养

用户的感知风险对信息采纳和持续搜寻产生负向影响。提升全民道德素养，从而能有效降低用户的感知风险。用户可通过官方权威机构发布的科普知识进行学习，避免选择一些小渠道的信息。感知风险对用户采纳信息和持续搜寻有显著的间接影响。对于商品信息而言，用户对信息可能存在的潜在风险十分敏感。因此，移动电商平台应将风险降低在可控范围，避免给用户造成不必要的损失，具体可从以下两方面来降低风险：一是降低风险发生的概率。移动电商平台首先应制定完善的平台政策，建立合理的惩罚机制，

规范信息发布行为,从信息源头减少劣质信息,提高平台的信息质量;其次,在线评论成为用户采纳前重要的参考信息,可通过完善在线评论体系,优化评论排序规则,增强评论内容的真实性,供用户采纳信息前作周全的考虑;再者,移动社交平台要保障用户的信息安全,与用户签署隐私保护协议,减少在使用过程中因担心信息泄露而出现的忧虑。二是降低风险造成的损失程度。移动电商平台可建立投诉机制,畅通投诉渠道,在用户蒙受损失或遇到困惑时,及时解决用户的问题,并根据损失程度给予一定的补偿。

4.8 本章小结

本章基于信息采纳模型以及期望确认模型,构建了用户评论信息行为转化理论模型,该模型综合了感知有用、信息因素、满意度、感知风险等多个解释变量作为影响信息行为转化的主要因素,采用问卷调查收集数据,运用结构方程等方法对用户感知行为进行分析。结果表明,感知有用对信息采纳产生显著的正向影响,满意度对持续搜寻信息产生显著的正向影响,而感知风险对信息采纳和持续搜寻产生间接的负向影响。

第5章　云边协同的移动商务信息服务创新模式

5.1 移动商务信息服务模式

移动商务信息服务模式是一个涉及移动通信技术、互联网技术、电子支付系统、移动终端设备等众多要素的复杂体系。这种模式将商务活动带进了移动网络环境,允许用户通过智能手机、平板电脑等移动设备随时随地访问各类商务信息服务。移动商务信息服务强调的是"移动"的概念,即提供给用户的服务需要具有方便快捷、随时随地可用的特点[123-125]。

5.1.1 核心构成要素

移动商务信息服务模式主要由用户、移动网络运营商、服务提供商、内容提供商、支付提供商和移动终端等核心要素构成。

用户是这一模式中的主体,他们通过移动设备进行消费行为、获取信息和享受服务。用户可以是个人消费者,也可以是企业用户。在信息服务模式中,用户期望能够以更加简单、快捷的方式获得服务,比如通过一键购买、语音搜索、移动支付等方式。

移动网络运营商为移动商务提供必要的数据传输和通信服务,是连接用户与服务提供商的桥梁。随着5G移动通信技术的发展,移动网络的覆盖范围不断扩大,传输速度也不断提高,从而极大促进了移动商务的发展。

服务提供商负责设计、开发并维护移动商务平台和应用,通过这些平台和应用将商品或服务提供给用户[126]。服务提供商可以是传统零售商、电商或是专业的移动商务企业,如 Amazon、阿里巴巴、京东、百度等电商巨头在移动商务领域都有着强大的存在感。

内容提供商向用户提供专业的内容服务,包括新闻、娱乐、游戏、音乐、视频等,这些内容服务往往是用户留在平台的重要因素。内容与商务结合,提高了用户黏性,也为商务平台带来了丰富的流量。

支付提供商提供安全、便捷的移动支付解决方案。移动支付系统是移动商务的关键支撑,它让交易能够在线上迅速完成,降低了交易成本,提高了效率。目前,支付宝、微信支付等移动支付方式已经成为日常消费中不可或缺的环节[127]。

移动终端则是为用户提供访问移动商务服务的硬件设备。随着智能手机和平板电脑性能的不断提升和价格的逐渐亲民,移动设备已经成为用户访问互联网的主要工具。这些设备的普及使得移动商务的潜在用户群体极大地扩展。

5.1.2 运作过程

移动商务信息服务模式的运作过程是用户通过移动设备访问服务平台,浏览商品或服务信息,根据需要进行搜索、比价、咨询等行为,最终通过移动支付方式完成购买,在购买后需要物流服务以及售后服务。

5.1.3 显著特点

与传统电子商务相比,移动商务信息服务模式有几个显著的特点:

1) 便捷性:用户可以在任何时间、任何地点进行商务活动,能够充分满足用户时效性的需求。

2) 个性化:移动设备通常是个人使用,因此能够根据用户历史行为、位置信息等为用户提供更加个性化的服务。

3) 上下文感知:移动商务系统可以根据用户当前的地理位置、时间、活动状态等上下文信息,推荐相对应的商品或服务,提高用户体验。

4) 社交化:结合社交网络的特性,用户可以与朋友分享购买经验,商家也可以利用社交媒体进行营销活动。

随着技术的进步和市场的发展,当前的移动商务信息服务模式也在不断地演变和更新。人工智能、大数据分析、云计算和边缘计算、区块链和加密数字货币等新兴技术的应用让移动商务信息服务变得更加智能。未来的移动商务信息服务模式将继续向着更加高效、便捷、个性化的方向发展。

5.2 云计算和边缘计算

5.2.1 云计算功能

云计算在移动电子商务信息服务生态系统中通过提供强大的数据处理能力、实时分析和智能决策支持来优化商务交易活动的决策行为[128]。

云计算实现了移动商务交易过程中的自动化运营,如订单处理、支付处理、供应链管理等,这种自动化不仅加快了交易活动,而且减少了错误,提高了效率。而云服务提供商通常符合最高的安全标准,可以帮助保护移动交易中的敏感数据。此外,云平台可以帮助企业实现数据保护和隐私法规的合规性[129]。云计算使企业能够轻松扩展其移动商务操作,以应对不断变化的市场需求。在高峰期,例如假日购物季节,企业可以临时扩大其资源,以保持服务的连续性与响应性。通过云智能平台促进跨部门和跨组织的协作,使得决策过程更加透明和高效。合作伙伴和供应商可以实时共享信息,协作应对市场变化。利用云平台的客户支持和服务工具,企业可以为消费者提供更好的支持,包括多渠道沟通、自助服务门户和基于人工智能的聊天机器人。

上述几个关键方面描述了云计算如何在移动电子商务信息服务过程中发挥作用,通过这些云智能服务功能,移动电子商务企业可以提高其交易决策的速度、准确性和效率,从而在竞争激烈的市场中获得优势[130]。

云平台提供了几乎无限的数据存储和计算能力,使移动商务企业能够存储和处理庞大的消费者数据集以及商务交易数据,允许企业有效地分析客户行为、销售趋势和市场动态。通过云计算,企业可以实时处理数据,提供即时的业务分析和消费者见解,从而可以帮助创建个性化的购物体验,通过实时推荐系统向消费者推荐产品和服务,优化用户界面和客户旅程。同时结合机器学习算法,企业可以预测市场趋势和消费者行为,进而更好地决策库存管理、定价策略和营销活动,云智能平台可以自动从新数据中学习并调整其算法,确保决策总是基于最新的业务智能[131]。如图 5-1 所示。

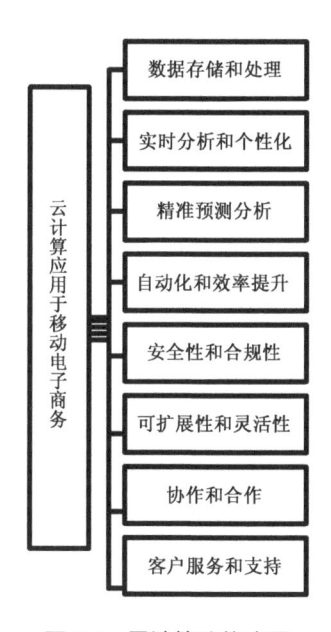

图 5-1 云计算功能应用

5.2.2 边缘计算功能

与云计算相比,边缘计算应用于移动商务中具有以下关键功能:

(1) 降低或消除云成本

云服务通常按数据处理量、存储和带宽使用收费。移动商务应用程序,尤其是实时数据分析和用户行为跟踪方面的应用,经常需要处理大量数据。边缘计算可以在设备本地执行,减少对云端资源的依赖,从而降低或消除与云计算相关的费用[132]。边缘人工智能通过在设备本地处理数据来削减成本。例如,智能手机等移动设备可以在本地处理用户输入、分析购物习惯或执行个性化推荐算法,而不需要将数据发送到云端。这种本地化处理减少了对云资源的依赖,从而降低了相关费用,而且能让移动商务服务运营商将节省的成本投入到优化用户体验和提高服务质量上。

(2) 减少延迟

移动电子商务环境中的用户希望在点击购买按钮时获得即时响应。任何延迟都可能导致用户体验下降,甚至产生购物车放弃。延迟还可能影响实时竞价广告、库存管理和动态定价策略。边缘计算在设备上生成对查询的响应,而不是等待远程数据中心生成结果,可以显著减少通信延迟。它将关键数据处理任务移至用户设备上,减少了数据在网络上的往返时间,从而减少了响应的延迟。例如,在实时竞价过程中,以用户为中心的边缘 AI 模型可以迅速对广告投放作出决策,从而提高广告效果和用户满意度。此外,库存更新和定价决策可以更迅速地作出,有助于保持竞争优势。

(3) 增强隐私保护

移动电子商务涉及大量个人和支付信息,用户对于他们的数据安全及隐私问题变得愈发担忧。当用户的个人数据用于改进生成式响应时,保持处理在设备上有助于增强隐私。边缘计算通过在本地处理数据,减少了敏感信息传输到公共云服务器的需要[133]。例如,用户的购物偏好和历史数据可以在设备上进行分析,生成个性化推荐,而无须将这些信息上传至云端。这样不仅保护了用户的隐私,也减少了数据泄露的风险,提升了用户对移动商务平台的信任。

(4) 个性化表达和隐私权的平衡

边缘计算可以在不侵犯用户隐私的情况下提供个性化服务,设备可利用本地数据(如搜索历史、购买记录等)来训练模型,而无须将个人数据发送至云端,这允许应用程序满足用户个性化的表达和特点,支持更细致的个性化,同时遵守隐私法规。用户可以获得针对性的营销信息和推荐,而移动商务平台则能确保符合法规要求,降低潜在的隐私争议风险。

边缘计算的四个关键功能(见图5-2)体现在移动电子商务信息服务生态系统运作过程中,可以优化移动商务交易活动决策行为,显著提高交易活动的效率、安全性以及用户体验。

```
降低或消除云成本                    减少延迟
              边缘计算
增强隐私保护                   个性化表达和隐私权的平衡
```

图 5-2　边缘计算功能应用

5.2.3　边缘计算优化

通过边缘计算,移动商务交易活动的决策过程可得到以下优化:

1)实时分析:边缘计算能够即时处理用户数据,提供实时的购买建议、库存管理和价格调整,从而使企业能够迅速响应市场变化。

2)个性化体验:基于用户本地数据的个性化分析以及及时反馈,促进了用户忠诚度并提高了转化率。

3)数据驱动决策:在移动设备上直接处理的数据可以即刻用来作出更智能的业务决策,比如库存补给或营销策略调整。

4)成本效益分析:降低云成本意味着商业运营商可以用节省的预算去优化用户界面、提升服务质量或进行市场扩展。

5)效率与合规性:边缘计算的应用不仅加快了处理速度、降低了延迟,还能确保在满足当前日益严格的数据保护法规的同时提供服务。

在移动电子商务信息服务生态系统的交易活动中,边缘计算的应用可以大幅度提高效率,保护用户隐私,降低成本,并且为用户提供更好的个性化体验,这为企业创造了可持续竞争优势,同时赋予消费者更好的购物体验。

5.3 云边协同的信息生态系统

5.3.1 系统概念

云边协同信息生态系统是指一个由云计算和边缘计算相结合构建的，具有自适应、自组织和动态平衡特征的信息技术生态环境。如图 5-3 所示，这个系统由多个相互作用的参与者（包括人类使用者、设备、平台和服务）组成，它们集体协同工作，旨在实现数据的高效处理、分析和存储，同时优化用户体验和服务质量[134-135]。

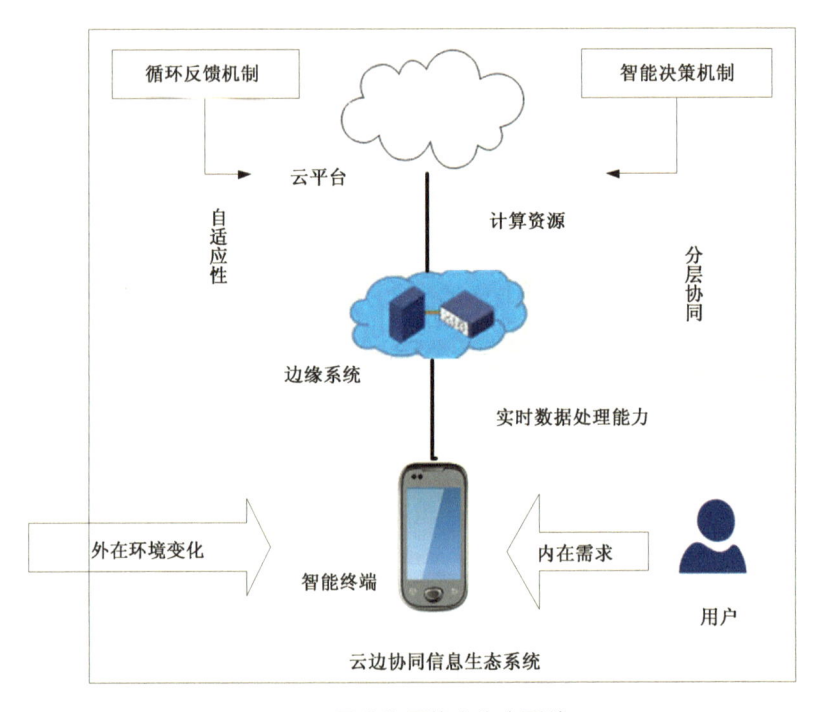

图 5-3 云边协同信息生态系统

在信息生态学的框架下，云边协同的信息生态系统可被视为一个在多方面进行合作和协同工作的有机整体，系统中的各个成员和资源通过复杂的相互作用和进化过程维持平衡，互相补充以达到共同的目标，向更高的组织复杂性发展。该体系的协同合作表征在于不同计算层次的高效配合，云服务提供了强大而灵活的计算资源,而边缘计算则提供了接近数据源的实时数据处理能力。

5.3.2　云边协同信息生态系统特点

(1) 弹性和自适应性

系统能够根据环境的变化和内在的需求,自主地调整资源分配和计算任务,例如,在流量高峰期会自动增加边缘节点的计算能力,以保持高效率和响应速度。

(2) 分层协同

云边协同信息生态系统在架构上通常分为云层、边缘层与端层,每层承担不同的计算和服务任务,通过协同工作来实现整个系统的高效运作,例如,云层进行大规模数据处理,而边缘层则负责实时响应和局部数据分析。

(3) 智能优化

系统中嵌入了智能决策机制,借助机器学习和人工智能的技术,能够自动优化任务分发、能源管理和故障恢复等多个方面的工作。

(4) 可伸缩性和模块性

云边协同信息生态系统设计必须具备很高的伸缩性,以应对不断变化的负载和需求,同时模块化的设计使得系统易于扩展和维护。

(5) 数据驱动和用户中心

系统的运行和协同机制都是以数据和用户需求为中心,确保了个性化服务和数据分析的相关性,以满足终端用户的具体要求。

(6) 生态多样性和稳定性

作为一个生态系统,云边协同信息生态系统拥有多样的技术、工具、应用和服务,并且这种多样性带来了系统的鲁棒性和稳定性。

(7) 循环反馈和持续演化

系统中的参与者之间存在着循环反馈机制,可以通过评估与学习来持续改进系统的性能和效率。

（8）人机协同

在生态系统中，人与机器需要高效协同。人类不仅是使用者，也是系统的维护者和决策者，而智能系统则辅助人类作出更好的决策和提供更高效的服务。

云边协同信息生态系统的应用场景多种多样，从智慧城市、工业物联网到智能家居等领域，都能找到其应用的身影。未来随着技术的发展，更多的云边协作模式将出现，在全球范围内形成一个可持续发展、高效协同的信息生态环境。

5.4 云边协同移动支付流程

云边协同的移动支付流程通常指的是利用云计算与边缘计算技术相结合的方式来改善和优化移动支付流程[136]。云计算提供了大规模数据处理和存储的能力，而边缘计算则着重于距离用户更近的网络边缘进行数据处理，减少延迟，以提供更快速、可靠的服务。

实现云边协同移动支付流程的步骤如下：

5.4.1 前期准备工作

1）基础设施部署：建立并配置必要的云服务基础设施（包括服务器、数据库和相关软件等），同时在网络的边缘节点部署边缘计算设备，例如在物理上靠近用户的数据中心、基站或者其他网络节点等。

2）安全性配置：确保所有设备和服务都符合相关行业数据安全标准，使用 SSL/TLS 等协议加密数据传输，进行端到端加密，以确保数据安全。

3）应用程序开发：开发具有支付功能的移动应用程序，这些应用程序需要支持与云端服务和边缘节点的接口对接。

4）用户身份验证和授权：在应用程序中集成多因素认证机制，如密码、指纹、面部识别等，用于保障用户身份的安全性。

5.4.2 移动支付流程

（1）用户发起支付

用户在商家的在线商店或实体店选定商品或服务后,通过移动支付应用发起支付请求[137]。

（2）移动应用处理

移动应用收到支付指令后,通过用户界面收集支付信息,如支付金额、支付方式、账户信息等。

（3）多因素认证

应用程序要求用户进行多因素认证,如输入密码并使用生物识别验证。

（4）支付请求加密

认证通过后,应用程序将支付信息加密并发送到边缘计算节点。

（5）边缘节点初步处理

边缘计算节点在接收到加密支付请求后,进行初步处理,如对数据格式进行检查、身份验证、授权校验等。

（6）转发到云端

初步处理无误后,边缘节点将加密的支付请求转发到云端服务器。

（7）云服务处理

云端服务器处理支付请求,与银行卡发行机构、支付网关和商家后端系统进行通信,以处理交易授权和清算。

（8）返回处理结果

云端服务器将交易处理结果(成功或失败)反馈给边缘计算节点。

（9）边缘节点通知用户

边缘节点将处理结果解密后,通过移动应用快速通知用户支付结果。

（10）分布式账本同步

如使用了基于区块链的支付方法,则同时将交易信息同步到分布式账本,以保证交易透明性和不可篡改性。

5.4.3 后期处理

（1）收据生成

交易完成后,用户收到电子收据和确认通知,可以保存为购买凭证。

（2）数据分析

云端系统定期收集交易数据进行分析,用于优化支付流程和用户体验。

（3）数据备份

云服务定期对交易数据进行备份,以防数据丢失和系统故障。

（4）风险管理

使用大数据和人工智能技术监测欺诈行为,提高支付系统的安全性。

完成上述移动支付流程,需要不定期对系统进行维护和升级,以应对新的安全威胁和技术变革,确保支付系统的稳定和安全[138]。云边协同的移动支付流程(见图5-4)是通过预先建立的基础设施和安全措施,在支付发起时利用边缘计算完成速度要求较高的任务,通过云计算完成大规模的数据处理任务,并且在支付完成后进行数据同步和分析,为用户提供更佳的支付体验和高效可靠的支付服务。

图5-4 云边协同的移动支付流程

5.5 云边协同的移动商务信息服务模式

云边协同为移动商务信息服务模式创新提供了新的可能性,通过合理利用云计算和边缘计算的优势,能够促进服务的效率、体验和安全性的提升,满足商业活动不断变化的需求。

5.5.1 云边协同优势

1）数据处理与存储优化：云边协同能够将数据处理任务合理地分配在云端和边缘端,使得数据存储和处理更加高效,减少数据在网络中的传输,从而缩短响应时间,节省带宽资源。

2）实时性与低延迟体验：边缘计算节点离用户更近,可以处理大量实时性要求高的业务,例如移动支付、实时库存管理等,减少了向云端传输数据的延迟,提供更加快速的服务响应。

3）个性化服务：通过在边缘节点上进行数据分析,可以更加精确地掌握用户行为和偏好,对商务信息进行个性化定制,提供更加贴近用户需求的服务。

4）节约成本：由于边缘计算能够处理更多的本地数据,减少了对中心云端资源的依赖,从而能够降低云资源的使用成本以及网络带宽成本。

5）增强移动设备的能力：移动设备通常计算能力有限,通过云边协同,可以将复杂的计算任务委托给边缘节点或云端服务器,从而提升移动设备的服务能力,同时节省设备的电池寿命。

6）安全与隐私保护：通过在边缘计算层面处理敏感数据,可以减少对中心云的依赖,避免将所有数据集中存储,从而减轻安全风险和增强用户隐私保护。

7）适应性与容错能力：云边协同通过在不同层级部署资源,可以提高系统的适应性和容错能力,即使某个节点出现问题,也可以通过其他节点提供服务,确保商务活动的连续性。

云边协同将云计算资源与网络边缘部署的资源相结合,旨在为用户提供更加高效、低延迟和个性化的服务。

5.5.2 云边协同运作模式

通过优化数据处理和存储任务的分配来提高效率。通过在边缘节点而非远程云端进行数据的初步处理,云边协同能够显著降低数据传输的延迟和网络带宽的需求,加速响应时间,更便捷地满足移动用户即时的业务需求,例如移动支付和实时库存管理等。

在个性化服务方面,云边协同通过对用户行为和偏好进行边缘分析,使得信息服务能更准确地满足用户需求。这种紧密结合的分析能力不仅提升了商务信息的相关性和吸引力,还通过避免不必要的数据流向中央云,进一步降低了成本和安全风险。边缘计算的引入还减轻了对中心云计算资源的依赖,这在经济上是有益的,既节约了云资源,又降低了与数据中心通信产生的成本。

云边协同还通过分散资源,提高了系统的适应性和容错能力。在分布式架构中,即使一个节点出现故障,其他节点仍能维持服务的连续性,保证商务活动的不中断。同时,这种架构也增强了移动设备的计算能力。通过把复杂的计算任务外包给边缘节点或云端服务器,移动设备就能在节省电池耗电的同时增强其执行高级任务的能力。

综上所述,云边协同提供了一个弹性且高效的环境来支撑不断进化的移动商务场景,它优化了移动用户体验,确保了信息服务的实时性,并加强了安全与隐私保护。

5.6 未来发展展望

云计算与 5G 通信技术的结合能够实现网络资源的弹性分配与调度。云计算提供了可弹性调配的计算、存储和网络资源,而 5G 通信技术具备低延迟、高带宽的特点,在网络资源需求高峰、流量波动较大的情况下,可以通过5G网络及时提供足够的网络资源。通过云计算与5G通信的结合,可以更好地满足移动电子商务的大并发访问需求,提升用户体验。边缘计算与5G通信技术的结合能够实现数据的快速处理与分析。边缘计算将计算和数据处理的能力移动到用户设备附近,可以减少数据的传输延迟,提升数据处理效率。而5G通信技术提供了较高的传输速度和大容量的网络连接,为边缘设备提供了充足的通信资源。通过边缘计算与5G通信的结合,可以实现对移动电子商务数据的实时处理与分析,为用户提供更加精准的个性化服务。未来,随着技术的进步和创新应用的发展,云边协同的潜力预计将进一步被挖掘,从而为移动商务带来更多的变革和机遇。

5.7 本章小结

本章在对移动商务信息服务模式及其核心构成要素、显著特点、运作过程进行理论分析的基础上,结合云计算、边缘计算的功能,构建了云边协同信息生态系统,对实现云边协同的移动支付流程步骤,云边协同的移动商务信息服务模式及未来发展进行了阐述。

第6章 元宇宙赋能的信息服务创新模式

元宇宙是一个基于互联网的虚拟现实空间,用户可以在这个虚拟空间中进行社交、工作、学习等活动。元宇宙依托数字孪生,其与现实世界的连接是通过智能终端实现的,消费者可以在元宇宙中完成线上购物、线下支付等业务操作。随着元宇宙相关技术的不断成熟和应用场景的不断丰富,其与移动电子商务业务模式的结合将使消费者在线上购物时享受到更加优质的服务体验[139-141]。

6.1 元宇宙的应用场景

元宇宙是通过利用虚拟现实、增强现实、区块链和人工智能等技术构建的一个虚拟的整体性生态系统,用户可以在其中进行数字化交互和生产活动。

6.1.1 购物体验

元宇宙使未来的移动电子商务购物环境发生很大变化。企业可以利用元宇宙相关技术为消费者提供线上展厅,展示商品的特点和优势,让消费者在虚拟环境中实时了解产品信息。消费者不再局限于通过二维界面购买商品和服务,而是可以在元宇宙中体验到类似线下购物的场景和交互。对于女性消费者来说,线上试衣具有很大优势。在试衣时,用户可以穿上不同类型的服装进行试穿。目前市场上已经出现了许多虚拟试衣应用程序和设备。例如,虚拟试衣App不仅能提供各种服装款式供用户选择,还能提供服装的材质、颜色等信息供用户参考。如果用户选择了一件心仪的衣服并在元宇宙中进行虚拟试衣后发现不合适或者颜色不喜欢等问题时，还可以将其更换为其他款式。在元宇宙中，算法可以根据用户不同年龄段、性别等特征为其提供不同款式和风格的服装供用户选择。

元宇宙中的购物体验可以通过多种技术手段实现，如 3D 建模、AR（增强现实）等。3D 建模是元宇宙中最基本的应用，它可以将虚拟世界与现实世界结合起来，让用户拥有身临其境的感觉。AR 技术是一种实时的、交互式的 3D 视觉技术，它可以让用户感受到商品的 3D 形态。通过 AR 技术，用户可以直接体验商品的外观、质感等信息。在元宇宙中，AR 技术可以与其他技术相结合，实现更多的应用场景。通过 AR 技术，用户可以将商品从一个三维空间"带"到另一个三维空间。在这个过程中，用户不仅能感受到商品的外观信息，还能看到商品的内部结构。对于消费者来说，这是一个全新的购物体验。由于 AR 技术的成本较低、内容丰富、适用范围广等特点，元宇宙中的 AR 购物场景具有很大的商业潜力。例如，在元宇宙中，用户可以使用 AR 眼镜浏览商品信息和在线购物等功能。AR 眼镜还可以与其他设备进行协作，通过这种方式，用户可以在购物时获得更好的体验和更高的效率。

移动电子商务业务模式与元宇宙技术结合后，其所带来的不仅是商业模式上的变革，更会提升消费者在购物过程中对平台服务的满意度[142]。在元宇宙中可以通过 3D 建模、虚拟现实等技术实现消费者在线上购物过程中与商品之间真实场景和虚拟商品之间的交互。消费者可以在虚拟的三维环境中浏览商品、体验服务，不再需要亲自前往实体店进行购物，对于时间有限或者生活在偏远地区的消费者来说，将会是一种非常便利的购物方式。

6.1.2 打破物理时空限制

元宇宙通过打破传统电子商务物理时间和空间限制，提供了一个不受时间、地点约束的新平台，为商家和消费者提供了一个全新的交互环境和交易方式。

从商家角度来看，任何一个商家都可以在元宇宙里创建自己的虚拟店铺,不再受困于传统物理空间的局限。在这一去中心化和非物理限制的环境中,商家有机会利用虚拟空间创造全新的展示和销售方式。与现实世界中的零售商店相比,虚拟商铺可以模拟任意环境和设定,从而吸引消费者并提供独特的购物体验[143]。例如,一个户外品牌可以在元宇宙中创建一个虚拟的山景环境商店,让消费者在选择装备的同时体验登山的趣味。商家不仅可以展示商品,还可以通过沉浸式的情景体验,让顾客对品牌留下深刻印象。元宇宙还可以为商家提供跨界合作的机会。不同行业的品牌可以在元宇宙中联手举办联动活动,引导消费者体验跨领域的产品和服务。例如,汽车品牌和旅游公司可以合作,提供一个虚拟的公路旅行体验,让消费者在元宇宙中驾驶虚拟汽车,探索景点并体验旅游服务。

从消费者角度来看,元宇宙为个人提供了超越现实世界的自由与可能。消费者可以自由切换身份,通过定制化的虚拟形象(avatar)探索不同风格的商铺,体验不同文化的购物环境。这种难以在现实世界实现的灵活性和多元化,可以大大提高用户的参与度和消费欲望。消费者可以通过元宇宙平台浏览和比较不同商家的商品,而不需要跳转到不同的网站或应用程序。针对不同时间区域的消费者,元宇宙商铺无须担心营业时间限制问题。商家可以提供24小时全天候服务,无论消费者位于何种时区,都可以轻松享受购物。这种无时差的交易平台,可极大地扩大企业的潜在顾客群体,同时也降低了因时差带来的沟通和交易成本。

在某些欠发达地区,由于物流配送不发达,消费者难以购买到某些商品。如果商品在元宇宙中存在虚拟版本,消费者便可以在虚拟世界里体验甚至使用这些虚拟商品。虽然这并不能完全替代真实商品的使用,但在某些情况下(如教育培训、娱乐休闲等),虚拟商品的使用体验可以与现实世界相媲美。而在应对突发性挑战,如全球范围内的疫情封锁时,元宇宙购物则展现出其独特优势。人们限制在家中时,通过元宇宙可以继续进行社交、购物等日常活动,而不必担心健康安全和出行限制。这不仅维持了经济的运转,也保障了民众的精神需求。

6.1.3 精准推荐和服务

通过分析消费者在虚拟环境中的行为和偏好,商家可以更准确地为他们推荐商品或提供服务,有助于提高消费者满意度并增加销售额。

通过先进的人工智能技术和大数据分析,消费者在元宇宙中的购物体验可被提升至一个全新的水平。精准推荐系统是元宇宙应用中至关重要的一个方面,它能够根据用户的兴趣、历史行为以及社交互动等多维信息为用户推送个性化内容,从而大幅提高购物效率和用户满意度。这种推荐不仅限于简单的商品推送,更涉及深层次的消费者需求理解与预测。例如,顾客在尝试不同的虚拟服装后,系统可以捕捉到他们在选择款式、色彩以及材质上的偏好,以及在试穿不同服装时的交互模式和停留时间。系统甚至还能分析社交互动,如该用户与哪些虚拟角色互动最频繁,以及在哪些社区中活跃。如果系统发现某用户偏爱经典而不是流行款式,它可以优先显示经典款式的相关产品。此外,系统还能够推测出合适的购买时机,当用户寻求购买某类型商品时,系统可以即时推荐相应的促销信息或是新品上市,极大地提高转化率。元宇宙中的数据分析不仅仅局限于单一用户,而是可以融合网络上数亿用户的数据,找出潮流趋势、季节性购物行为和区域性消费特点。这些信息对于商家来说是极具价值的市场研究资料,帮助商家更好地定位市场,优化存货管理和营销策略。

个性化服务也是元宇宙平台大力发展的领域。借助 VR、AR 等技术,商家可以提供互动式的客户服务,如虚拟导购、在线客服、个性化逛街体验等。由于每个消费者在元宇宙中有其独一无二的存在方式和行为习惯,元宇宙能够提供的个性化服务将远远超出现实世界的可能性。例如,消费者在虚拟世界中旅行时可能会遇到以 AI 技术为后盾的虚拟导游,它可以根据消费者的兴趣点推荐旅游路径或店铺,甚至提供语言翻译服务。在虚拟购物中心,顾客也可能会被分配一个虚拟购物助手,这个助手不仅能帮助搜寻商品,还能提供衣物搭配建议、促销信息以及最佳购买策略等服务。

个性化的服务还能延伸到社交方面。元宇宙提供了一个天然的社群环境,消费者可以建立虚拟社交圈,分享购物体验和产品评价。这种社交功能不仅可以加强消费者之间的联络,还能为商家带来口碑营销的好处。用户可以通过社交圈获得朋友推荐的商品,而商家也可以借此机会进行精准营销和品牌推广。元宇宙中的每一次互动都构成了消费者画像的一部分,从点击行为到虚拟角色的行为模式,再到社交互动,通过对这些数据的跟踪和分析,系统能够实时调整推荐算法,不断优化个性化服务,同时保障用户隐私和数据安全。

安全性是元宇宙为消费者提供精准推荐服务时必须重视的一大问题。随着大量个人数据的搜集和分析,确保数据保护符合法规并防止数据滥用是至关重要的。透明的数据使用政策、安全的数据存储和传输技术,以及对用户的授权管理,这些都是构建用户信任的关键元素。只有在确保用户数据安全的前提下,元宇宙才能真正成为一个个性化推荐和服务的理想环境。

6.1.4 线下支付

移动在线支付是移动电子商务中一个十分重要的环节,消费者通过移动支付可以方便快捷地完成线上购物。当前,支付宝、微信等移动支付平台已经实现了在线购物支付功能,但离真正意义上的移动支付还存在一定距离。由于缺乏有效的监管,一些不良商家会通过各种手段来逃避移动支付业务,这给消费者的支付带来一定的风险。元宇宙具有虚实结合的特性,可以让消费者在线上购物时与线下购物结合起来,进一步提升用户对线上购物体验的满意度和使用频率。目前我国许多互联网企业都在积极探索元宇宙中的支付场景和功能,消费者可以在元宇宙中使用数字货币购买商品或者服务并完成交易活动,目前市场上已有一些数字货币钱包应用程序供用户使用。

在移动电子商务领域中,随着移动终端的普及和各种智能硬件产品的不断推出,用户对于移动支付服务的需求越来越大。为此,各大互联网平台都在积极探索新的支付方式来满足消费者对线下购物体验和支付服务质量的要求。由于元宇宙是一个虚拟空间和现实世界相结合的空间,消费者可以在这个空间中完成线上购物和线下支付等操作,随着人们对互联网消费体验要求的提高和线上消费需求快速增长趋势的出现,消费者更愿意通过互联网渠道购买商品和服务。在元宇宙中购买商品时,消费者可通过数字货币进行支付,这种支付方式不需要通过银行转账或线下支付等方式进行支付交易活动。为了提升网络购物服务质量和客户体验,促进移动电子商务发展,各大互联网平台都在积极探索新型支付方式。随着区块链、数字货币等技术的发展和应用,数字货币已成为我国新一代支付方式之一。我国央行于2021年10月26日发布公告称,将以法定货币为载体发行数字人民币(DC/EP)。目前已有多家银行、支付机构加入了数字人民币生态系统。用户可以在元宇宙中通过虚拟货币实现对商品和服务进行线下支付交易活动、购买商品等操作。

元宇宙不仅可以为用户提供新的体验和服务,还可以为企业提供新的商业机会。虽然元宇宙在移动电子商务领域应用潜力巨大,但也存在着一些挑战和限制,如技术成本、安全性问题等。随着相关技术的不断进步和消费者对线上购物需求的增长,这些问题有望得到解决,未来将有更多的商业应用场景在元宇宙中得以实现,也将会带来更多的机遇和挑战。

6.2 基于元宇宙的信息服务体系

元宇宙是一个3D的虚拟世界,由计算机图形学和人工智能技术构建而成,它模仿现实世界,并基于网络技术进行全球范围内的跨越物理空间的沟通与交流[144]。在元宇宙中,商家可以创建任意虚拟角色,建立虚拟社区,探索世界地图,参与娱乐活动等。同时,元宇宙的发展也产生了虚拟经济,用户可以通过完成任务、交易虚拟物品、购买虚拟物品等方式实现收益。这种服务模式实现了网络时间、网络空间、网络组织的自由调度。移动电子商务的发展加快了商品购买、销售、支付、清算等在线支付流程,从而提高了企业管理水平,降低生产成本,增强了市场竞争力,并为用户提供了方便快捷、独具个性的信息产品与服务。

在当前移动互联网时代下,人们对于移动电子商务信息服务的需求越来越高,将元宇宙融入移动电子商务信息服务生态系统,可以为人们提供更加完整和便利的服务体验,同时也能够给商业模式带来更多的机会和挑战。

6.2.1 移动电子商务元宇宙信息服务架构

以用户为中心,从用户需求角度出发,打造一个充满个性化和差异化的移动电子商务元宇宙环境,利用 VR/AR 等技术,提供更加真实、直观的用户体验,致力于提升提高用户满意度,提升信息服务质量。采用有序开放式架构,兼容各种数据格式和技术标准,便于各个主体和元素之间的互动和整合。强化数据安全保护,建立完善的技术和规则体系,以保护用户的个人隐私和商业机密。移动电子商务元宇宙框架体系的构建是一个复杂的过程,需要涉及移动电子商务场景、互联网基础设施、数据安全和用户体验等各个方面,而且需要长期不断地完善和调整。

系统的框架体系如图 6-1 所示,可以分为 7 个层次,每一层次都承载着特定的职能和任务,这些层次构成了系统的整体服务架构。

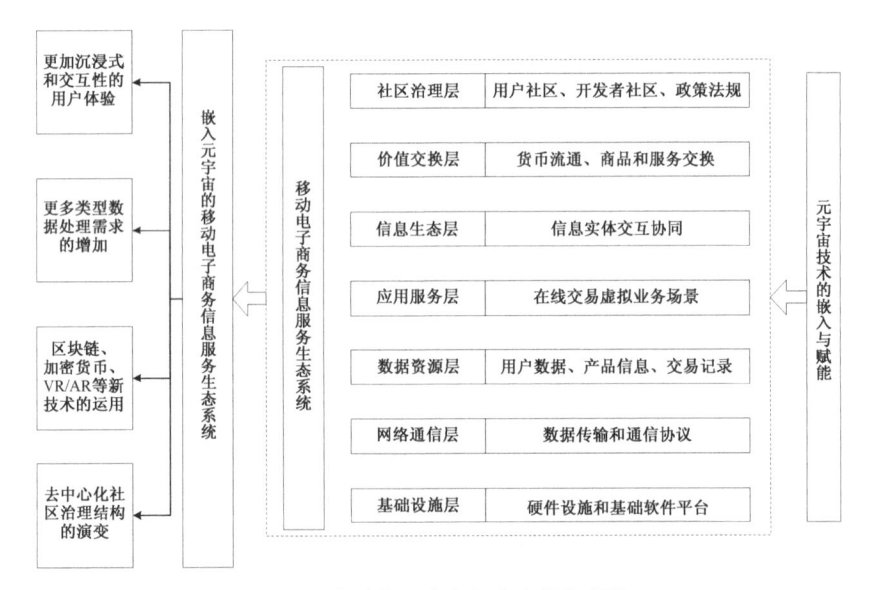

图 6-1 移动电子商务元宇宙服务架构

6.2.2 各层次之间的关系

以下是各层次的含义以及它们之间的关系:

1) **基础设施层**:包括硬件设施和基础软件平台,如服务器、存储设备、网络设备和操作系统等,为整个生态系统提供基础性的支持。在元宇宙环境中,也包括虚拟现实(VR)头盔、增强现实(AR)设备,以及用于创建和体验元宇宙的图形处理单元(GPU)等高性能计算资源。

2) **网络通信层**:包括5G、物联网、网络安全等技术,负责数据的传输和通信协议,以实现各个元素之间的高速、低成本、安全的连接。在元宇宙环境中,网络通信层需要支持更高的数据传输速度和更低的延迟,以实现无缝和沉浸式的用户体验。

3) **数据资源层**:包含系统所需要的各种类型数据资源,如用户数据、产品信息、交易记录等,为生态系统提供创新和增长的源泉。元宇宙技术可能会引入新的数据类型,如三维模型数据、用户的虚拟交互数据等。

4) **应用服务层**:包括移动电子商务、元宇宙社交平台、内容平台、在线教育、金融服务等多个业务场景,提供具体的应用服务,在元宇宙环境中,应用服务层可能会提供更加多样化、沉浸式和交互性强的服务,如虚拟商店、虚拟商品试用等。

5) **信息生态层**:是指系统内外部环境中各种信息实体(包括个人、企业、机构等)的交互和协同,在元宇宙环境中,这种交互更加立体和动态,可能包括虚拟形象之间的交互、虚拟环境下的品牌推广等。

6) **价值交换层**:包括支付、广告、虚拟货币等多种交换机制,涉及货币的流通、商品和服务的交换等经济活动,以实现用户和生态系统之间的价值传递和激励。在元宇宙环境中,会涉及加密数字货币、区块链技术和智能合约等新型价值交换手段。

7) **社区治理层**:包括用户社区、开发者社区、政策法规等多个方面,涉及社区的规则制定、权益保护和冲突解决等治理活动。在嵌入元宇宙技术后,社区治理可能会利用区块链技术实现去中心化管理,参与者可以共同参与决策过程。

通过以上各个层次的融合与互动,便可构建一个具有广泛应用价值的移动电子商务元宇宙信息生态系统。良好的基础设施是高效网络通信的前提,而网络通信层为数据资源层提供数据传输能力,应用服务层通过信息生态层中的互动提供用户价值,而价值交换层为这些交互提供经济基础,社区治理层保证整个生态系统的健康运行。

6.3 元宇宙赋能的移动商务信息生态系统

6.3.1 信息服务生态系统构建

将元宇宙的特性融入移动电子商务信息服务生态系统,需要移动商务企业对新兴技术的不断探索与适应,同时也需要对用户需求的敏锐洞察和响应。整合创新的技术和服务,建立安全可靠的购物环境,并通过推动社区文化的发展,打造出一个互动性强、个性化的购物平台。通过高度逼真的三维虚拟环境,为用户提供沉浸式体验,并以区块链技术为支撑构建了一个去中心化、公平透明的虚拟系统。元宇宙赋能的移动电子商务信息服务生态系统如图6-2所示。

在元宇宙技术的支持下,移动电子商务信息服务生态系统得以实现数据共享、信息透明、防篡改、可溯源、多主体共识协作和动态智能演化等生态特性,从而确保其稳定可持续运行。该系统以元宇宙技术为基础,以元宇宙平台为支撑,将移动电子商务信息生态场、信息生态链和信息生态圈有机融合在一起,实现内外部环境的共生。借助元宇宙技术,保障信息流、资金流和物流的顺畅运转,同时在元宇宙平台的信息生产、传递、消费和分解过程中,实现内部协同,为移动电子商务信息流创造价值增值,并输出新信息,满足各类移动电子商务交易活动的需求。

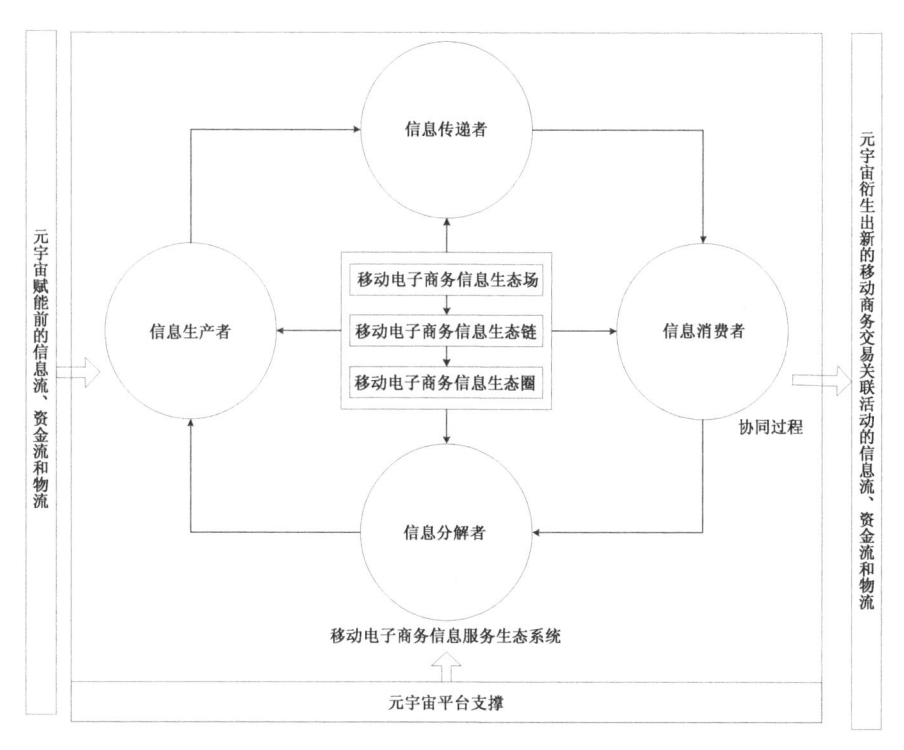

图 6-2 元宇宙赋能的移动电子商务信息服务生态系统

元宇宙赋能的移动电子商务信息服务生态系统遵循"信息生态场—信息生态链—信息生态圈"的构建逻辑和运行路径,实现了移动电子商务相关主体及交易活动所产生信息的生产、传递、消费与分解过程[145]。同时,该系统融入了元宇宙技术构建的底层平台,将元宇宙技术有效整合到移动电子商务的信息生态场、信息生态链、信息生态圈及信息服务生态系统中。元宇宙为移动商务交易关联活动创造了新的信息流、资金流和物流,从而提升了新技术在移动电子商务相关主体及交易活动中的信息生产、信息传递、信息消费与信息分解的质量和效率。

在移动电子商务元宇宙中,个人、企业及机构可以自由交易虚拟商品和服务,实现了线上线下的无缝连接。此外,各类商业活动如广告推广、产品试用、虚拟会议等,都可以在元宇宙中实现,其交互方式和体验形式远超过传统的电子商务。移动电子商务元宇宙不仅能够极大地拓宽用户的消费场景和

111

方式,而且能够跨越地域、语言和文化的障碍,实现全球范围内的商业交互。这个模式也改变了商务的角色定位,所有人都可以成为创作者和消费者,每个人都可以参与元宇宙经济,资产的价值由市场和社区共同决定。最后,移动电子商务元宇宙还充分考虑了隐私保护和用户权益保障等法规和伦理要求,致力于构建一个安全、信任、公平的虚拟商务环境。

6.3.2 元宇宙赋能的系统特性

从信息生态学的角度来看,元宇宙可以被理解为一种新型的信息生态系统,它在移动电子商务领域有着巨大的赋能潜力。在元宇宙背景下,移动电子商务信息服务生态系统包括以下几个重要特性:

(1) 数据流动性与信息共享

元宇宙的核心特性之一就是高度的连通性。在元宇宙中,大量的用户、设备、应用程序和服务相互连接,共同形成了一个动态的、全球化的信息交换网络。移动电子商务平台可以利用这种数据流动性,通过跨平台的信息共享和实时交互,为用户提供无缝衔接的购物体验。

(2) 用户行为分析与个性化推荐

元宇宙中的用户交互会产生大量数据,包括时间、位置、偏好和社交网络等多维信息。移动电子商务平台可利用这些数据,应用机器学习等算法进行深度用户行为分析,从而提供高度个性化的产品推荐和服务。精准的数据分析可以助力企业实现更高效的市场定位,更好地预测市场趋势,并根据用户行为进行个性化营销。随着更多用户数据的收集和分析,企业应建立并遵循严格的数据保护政策,实施高级加密技术,确保所有数据传输和存储都达到最新的安全标准。

(3) 增强现实(AR)与虚拟现实(VR)

元宇宙可以通过虚拟现实和增强现实技术对移动电子商务信息服务生态系统赋能,为用户提供更加直观、多样化的体验。通过 AR 和 VR 技术,用户可以在虚拟空间中体验到仿佛亲临其境的购物环境,不仅提升了购物的趣味性和便捷性,也为用户提供了更丰富的商品信息。在购物、娱乐和社交等方面,元宇宙作为虚拟世界和现实世界之间的桥梁,可以实现虚实结合,为用户提供更加生动、智能和有趣的体验。例如,在购物方面,用户可以通过虚拟现实技术直接进入商店并与商家或其他用户进行互动,从而获取更加真实的购物体验。利用 AR 和 VR 技术,移动电子商务可以创造出一个沉浸式的购物环境,让消费者在选购产品前能够有一个更直观的体验。

(4) 智能合约与区块链

元宇宙中的商业交易可以通过智能合约确保执行过程的透明化和自动化,同时区块链的去中心化特性能够保障交易信息的不可篡改性和追溯性,这是构建可信的信息生态系统的基石。品牌可以将供应链、产品真伪验证等信息上链,让消费者能够追踪商品的来源和流通路径,这样不仅提高了品牌的信任度,也增加了用户的满意度。

(5) 无缝多平台集成

在元宇宙赋能的信息生态系统中,移动电子商务平台可以和其他服务无缝集成,如社交网络、游戏、娱乐和教育等。这种集成将为用户提供更为完整的线上生活体验,同时也意味着企业之间的合作关系更加紧密,形成了相互支持的生态共同体。企业可以设计机制,鼓励用户生成内容(UGC),如产品评价、使用心得、样式设计等,让消费者成为内容的创造者和传播者。通过构建在线社区,用户之间能够共享体验、交流意见,形成品牌忠诚度,同时也促进了产品和服务的改进。

6.3.3 元宇宙赋能的系统模型分析

移动电子商务元宇宙为信息人提供了信息流动的载体与渠道,物流企业、政府监管机构和金融支付机构等信息主体也会参与信息流转,围绕移动电子商务交易所衍生的关联信息会与移动电子商务交易信息一起实现持续的信息流动,尤其在元宇宙技术的辅助下,进而实现了移动电子商务元宇宙中信息人之间的信息共享、协同运作,并实现信息人与信息环境和信息技术之间的相互适应,确保了信息生态的稳定平衡。

如图 6-3 所示,移动电子商务元宇宙基本结构模型中,信息人之间相互协作、共生共利,利用元宇宙技术共同维护移动电子商务元宇宙的信息生态平衡。在系统运行过程中,信息需要在不同信息人之间流动,同时与内外部环境进行信息交流和能量交换,并受到内外部信息环境的影响和约束。在移动电子商务交易关联活动中,形成了以"商家—移动电子商务信息服务平台—消费者"为核心的信息流,其中每个节点都是一个信息人,这些信息人可以充当信息生产者、信息传递者、信息消费者或是信息分解者的任意角色。

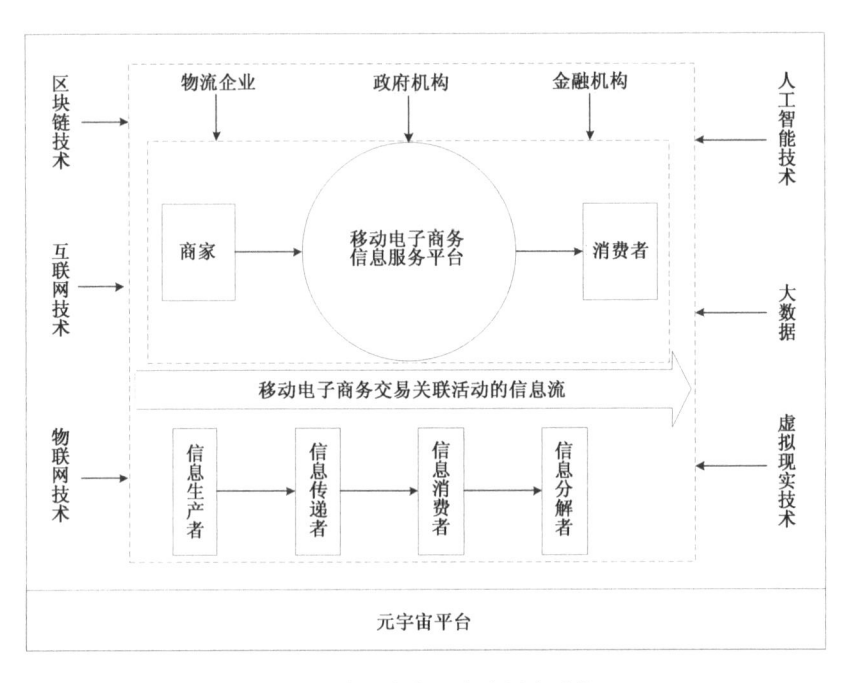

图 6-3 移动电子商务元宇宙基本结构模型

借助大数据、区块链、人工智能、物联网、人机交互等相关技术,元宇宙具有去中心化、虚拟仿真、可追溯等特性。将元宇宙作为基础技术,以满足移动电子商务交易及其关联活动信息流的信息服务需求。通过将去中心化的分布式结构应用于移动电子商务元宇宙,可以提高信息共享水平,防止信息流、资金流和物流因部分节点拥堵而中断,确保信息流在不同信息人之间的顺畅和安全流动。

移动电子商务元宇宙为信息人提供了信息流动的平台和路径,物流企业、政府监管机构、金融支付机构等信息主体也参与信息流转,围绕移动电子商务交易所产生的关联信息一同实现了持续的信息流动,特别是在元宇宙技术的支持下,移动电子商务元宇宙中的信息人实现了信息共享和协同运作,同时实现了信息人与信息环境、信息技术之间的相互适应,从而确保信息生态的稳定平衡。

6.3.4 系统的运行模式

在元宇宙平台的技术支撑下,移动电子商务被赋予了前所未有的协同和交互的可能性。

系统运行模式如下:

(1) 跨平台协同

在元宇宙赋能后,不同的移动电子商务平台和服务会相互连接,形成跨平台的协同关系。例如,社交网络平台、游戏、虚拟试衣间和在线市场可以无缝集成,用户的行为数据和购买信息在不同的平台间共享,协助企业了解用户需求,精准投放广告,并提供个性化的推荐。

(2) 协作式生产

元宇宙赋能后商品和服务的生产和销售过程更加协作化,设计师、制造商、零售商和消费者可以在虚拟空间中共同参与产品的设计和反馈过程,通过虚拟的协同工具,各方可以实时共享意见和调整方案,使得产品开发过程更加灵活和应对市场需求。

(3) 实时的供需匹配

利用实时大数据分析和机器学习算法,移动电子商务平台能够即时响应市场变化,提供供需匹配。商家可以根据用户的虚拟行为和反馈迅速调整库存和销售策略,而用户也能够更快地找到满足其需求的商品和服务。

(4) 用户参与和共创行为

用户可以在虚拟世界中创建和分享内容,参与产品设计和评测,这些行为在社群中产生影响力,并推动品牌和产品的演化。企业可以通过这些社群的反馈,更好地调整商业策略,实现精细化运营。

(5) 信息安全与信任构建

元宇宙中的信息安全和信任机制需要协同构建,企业之间通过采用共同标准的加密技术和区块链协议来确保交易和数据的安全。这不仅保护用户隐私,也为商业交易创造了透明和可信赖的环境。

(6) 智能合约与服务自动化

在元宇宙赋能的生态系统中,协同工作的自动化水平得到提高,利用智能合约,商业交易和服务履约可以自动化执行,极大提高交易效率和准确率。

(7) 持续的学习与适应

生态系统中的所有参与者需要持续学习和适应,以应对日益变化的环境和技术进步。协同学习的平台和工具可以帮助各方累积知识、共享最佳实践,并通过持续的迭代快速进化来适应用户需求的变化。

在元宇宙赋能的移动电子商务信息服务生态系统中,一个基于多方协作的、互联互通的、用户驱动的、安全可信的、高效自动化的未来移动电子商务环境和全新的商业模式展现出来。这要求企业、用户、技术提供商等各方主体摒弃传统的孤岛式运作,向更协作、共生的运营模式转变,在这种模式中,共享的价值和相互的增益成为推动生态系统发展的核心动力。

6.4 移动电子商务元宇宙信息生态圈

6.4.1 信息生态学角度

从信息生态学角度出发,构建移动电子商务元宇宙,需要着眼于信息生态系统的整体性、多元性、平衡性以及能源循环性等基本要素。

6.4.2 信息资源角度

从信息资源角度,元宇宙的信息资源无比丰富,包括移动用户的浏览数据、交互信息、订阅内容、购买行为等。这些数据不仅可以使个体获得更自主、个性化的消费体验,也有助于企业精准投放广告、推出新产品。通过数据挖掘与机器学习技术,可以从大量数据中抽象出有价值的信息,建立个人或企业的消费画像,提供个性化服务,实现信息资源的优化配置。

6.4.3 信息交流角度

从信息交流角度,要推动开放共享的信息交流机制,创造交流互动的平台,满足不同主体的信息需求,形成良性的信息流动和有效的信息反馈。例如,可以使用社会化媒体工具、即时通信工具、论坛社区等多种方式促进用户之间的互动与交流;通过构建公平透明的信息平台,促进买卖双方之间的信任和合作。

6.4.4 信息环境角度

从信息环境角度,需要构建一个安全、可信、平等、公正的信息环境,这不仅要求技术层面的安全防护,更需要符合道德规范,以及公平透明的市场规则。同时要倡导绿色信息化,关注元宇宙对环境的影响,推行绿色计算、节能减排等方式,降低对环境的影响。

6.4.5 信息服务角度

从信息服务角度,服务质量是影响移动电子商务元宇宙信息生态系统运行稳定性的主要因素。企业要根据用户需求和行为特征,提供个性化、精准的产品和服务,并真正实现全天候、全流程的无缝服务。

6.4.6 信息生态规律角度

从信息生态规律角度,构建移动电子商务元宇宙涉及多方主体、复杂的关系链以及不确定性因素,往往需要在信息的集约化、多样性、系统性等原理基础上做出合理的设计和规划。这既包括信息集约化使用的同时保持适当的冗余度,也包括在尊重信息多样性的同时达成系统的动态平衡。

6.4.7 信息生态圈构成

移动电子商务元宇宙的信息生态圈如图 6-4 所示,将元宇宙技术融入并应用于其中,以元宇宙作为移动电子商务信息生态圈运行的技术基础,并采用区块链、虚拟现实、人机交互等底层技术推动其运作。

该模型的核心层主要由移动电子商务交易主体构成,包括移动电子商务信息服务平台、商家与消费者;扩展层是为移动电子商务交易提供支持服务的相关主体,如金融机构、移动支付企业、物流企业、运营推广企业、软件服务商等;相关层是在特定条件下与移动电子商务活动主体产生关联活动的组织,如政府监管部门、行业协会、培训机构等;外部层主要涉及对移动电子商务交易活动产生重要影响的环境因素,如宏观经济、法律、技术、社会习俗等。

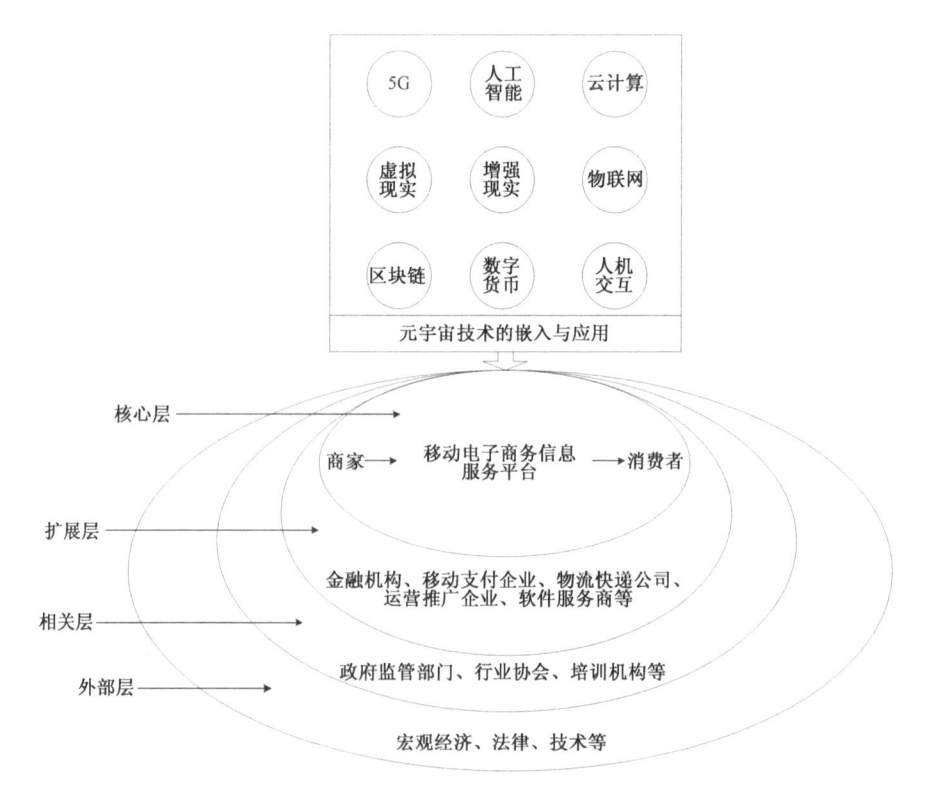

图 6-4 移动电子商务元宇宙的信息生态圈

移动电子商务元宇宙的信息生态圈通过有效应用元宇宙底层技术于核心层、扩展层、相关层和外部层,将移动电子商务相关主体及其交易关联活动通过元宇宙技术的应用,提升整个系统运行和信息流转的效率。

6.5 移动电子商务元宇宙的实现路径

元宇宙是一个由无数的虚拟世界组成的,并与现实世界无缝融合的复合宇宙。在这个世界中,人们可以在真实和虚拟世界之间自由穿梭,与身处不同地方的人进行交流,甚至可以在虚拟世界中完成购物、工作等一系列活动。要实现移动电子商务元宇宙的落地和应用,移动电子商务必然要借助元宇宙来提高其自身的效率和实用性,并为用户提供更高质量的服务。引入元宇宙的移动电子商务不仅能提供更丰富的用户体验,也能创造更多的商业机会。

6.5.1 基础平台建立

需要建立一个稳定、安全、高效的移动电子商务信息服务平台,这个平台可以是基于区块链技术的去中心化平台,也可以是基于云计算的集中式平台。这个平台需要能够支持大量的用户和交易,同时也需要有足够的安全性和隐私保护能力。

6.5.2 IT 基础设施建设

建立一个强大的 IT 基础设施。首先,需要建立一套大型数据中心,以满足大量的数据存储和信息处理需求。同时,需要引入云计算技术,提高存储和计算的效率,降低成本。此外,还需要引入高速网络技术,保证数据的快速传输和实时响应。最后,通过引入人工智能和机器学习技术,实现数据的智能分析和处理,为用户提供个性化的服务。

6.5.3 构建信息服务生态系统

在具备完善基础设施的基础平台上,需要构建一个包含各种信息和服务的信息服务生态系统。这个系统可以包括商品信息、用户信息、交易信息、评价信息等,同时也可以包括各种服务,如支付服务、物流服务、客服服务等。在信息服务生态系统中,引入元宇宙元素,如虚拟商品、虚拟货币、虚拟身份等。这些元素可以增加系统的趣味性和互动性,同时也可以为用户提供更多的选择和可能性。

6.5.4 建立数据管理和保护机制

建立一套完善的数据管理和保护机制。积累和使用大量的用户数据,会带来各种隐私和安全问题,因此必须确保数据的安全,防止数据被非法获取和滥用。同时,还需确保用户的隐私权益,只有在用户的同意下才能采集和使用其个人信息。这不仅需要强大的技术支持,也需要完备的管理规章和法规。

6.5.5 开发各种应用和服务

开发各种应用和服务,提供丰富的移动商务环境。这包括各种商务应用程序,如CRM(客户关系管理)、ERP(企业资源规划)等;还包括各种消费者应用程序,如网络游戏等。在此基础上,还需要引入各种创新的商务模式,如共享经济、社区购物等。

6.5.6 实现跨平台交互

为了实现真正的移动电子商务,需要实现不同元宇宙平台之间的交互,这可以通过API接口、SDK等方式实现。例如,用户可以在不同的设备上进行购物,同时也可以在不同的平台上查看和管理自己的订单和信息。

6.5.7 建立元宇宙社区

建立起一个健康有活力的元宇宙社区。越来越多的用户选择在虚拟世界中进行商务活动,需要一个健康、有活力的社区环境,这不仅包括提供各种社交功能,还包括提供各种娱乐功能,如虚拟音乐会、游戏比赛等。

6.5.8 持续优化和升级

不断进行优化和迭代,持续优化和升级,以满足用户的不断变化的需求。随着时间的推移,人们的需求和期望会不断变化,因此必须不断地进行优化和迭代,以满足这些变化。同时,信息科技也在持续发展,新的技术和工具会不断出现,需要不断地采用新的技术和工具,以提高移动电子商务的效率和质量。最后,需要持续对系统进行优化和升级,以满足用户的需求和市场的变化。这包括提高系统的性能和稳定性,增加新的功能和服务,以及改进用户体验等。

移动电子商务元宇宙的实现是一个复杂而长期的过程,需要各方共同努力,并且紧跟科技前沿的快速发展。必须不断探索新的商业模式,改善交互界面,提高系统集成度,并确保消费者的参与更多地基于他们的实际需求和舒适度。将用户反馈和市场分析纳入产品迭代中是必要的,以确保持续满足用户的期望并维护社区活力。同时,监管机构也需与时俱进,制定合理的政策以引导和促进健康发展。只有这样,移动电子商务元宇宙才能真正成为推动商业变革和提升消费体验的强大力量。

6.6 移动电子商务元宇宙发展面临的挑战

6.6.1 技术难题

要在移动电子商务信息服务生态系统中实现元宇宙技术的广泛应用,需要解决技术瓶颈。目前,元宇宙技术面临的挑战包括计算能力、数据传输和存储等方面。元宇宙需要依托于先进的技术,包括虚拟现实(VR)、增强现实(AR)、5G通信、区块链等。如果相关技术不够成熟或是技术应用存在问题,将影响移动电子商务元宇宙的用户体验和稳定性。元宇宙的实现需要处理和传输海量的数据,这对网络带宽和设备性能提出了较高的要求。为了应对这些挑战,企业需要不断优化算法,提高数据压缩和传输效率,同时研发高性能的硬件设备。随着5G技术的快速发展和应用,它将在提升移动电商的用户体验、丰富商业模式、推动技术整合、创新生态系统和促进社会经济等方面发挥重要作用。同时,也对电商企业提出了新的挑战,包括安全性、技术投入和人才培养等。只有不断适应和利用5G技术的移动商务企业,才能在竞争日益激烈的市场中获得先机和可持续发展。

6.6.2 数据隐私和安全隐患

在元宇宙中,用户的个人信息和数据在被共享和传输过程中增加了被攻击和盗窃的风险,大量的个人数据和支付信息将在移动电子商务元宇宙中流通,保护用户隐私和数据安全将是一个重大挑战。安全性是电子商务中不可忽视的重要因素,5G 网络必须确保强大的加密技术和隐私保护措施,以保证用户数据的安全。随着电子支付在交易中的普及,需要建立更为严密的安全验证机制,保障交易过程中的金融安全。由于 5G 网络能够传输更多的个人数据,加强数据安全和保护用户隐私变得尤为重要,需要实施端到端加密技术,并确保所有的交易和用户数据传输都符合最新的安全标准。仅仅实施端到端加密技术和遵循安全标准并不足以完全保证数据安全和隐私,随着网络攻击手段的不断升级,黑客攻击、数据泄露、身份盗窃等风险需要得到实时监控和有效防范。

6.6.3 消费者权益保护

随着网络规模的扩大,全球范围内的在线购物与交易活动无疑是元宇宙赋能移动电子商务的重要方向。在元宇宙中,消费者可以体验到不同国家的产品和服务,这有助于打破地域和语言的限制,推动跨境电商蓬勃发展。将元宇宙技术应用于移动电子商务信息服务生态系统,需要确保消费者的权益得到充分保护。这包括消费者的隐私权、知识产权、消费安全等方面。在元宇宙中,个人信息、交易记录、虚拟物品等数据安全问题尤为突出,政府和企业应采取有效措施,如加密技术、数字签名等手段,保护用户隐私以及数据安全。此外,也需对虚拟商品的知识产权予以保护,防止盗版、抄袭等行为,为消费者提供安全、可信赖的购物环境。

6.6.4 法律法规缺失

目前对于元宇宙的监管仍然在摸索阶段,缺乏明确的法律法规来指导和规范元宇宙中的移动电子商务活动,使得版权侵犯、不正当竞争、虚假广告等问题可能横行,相关法律法规的制定成为迫切需要解决的问题。为了实现移动电子商务元宇宙的高质量发展,需要政府、企业和社会各方面共同参与,确保技术创新,强化安全保护措施,制定有效的法律法规,培养用户的接受度,探索创新的商业模式,减少数字鸿沟,并关注伦理道德等问题。

6.6.5　用户接受度

移动商务用户对新技术的接受程度直接影响移动电子商务元宇宙的普及速度,如果用户对元宇宙的认知不足或抵触感强,那么移动电子商务元宇宙的发展将会受限。不同地区和用户群体对于元宇宙技术的获取和应用能力不均,可能会导致数字鸿沟加大。一些用户由于资源限制,可能无法享受到元宇宙带来的便利和服务体验。在传统电子商务已经有成熟商业模式的基础上,元宇宙需要开发新的商业模式来吸引用户和企业,这既是挑战也是机遇,需要移动电子商务企业有创新精神和战略眼光。

6.6.6　数字货币支付

在元宇宙中,消费者可以使用虚拟货币进行支付,这将有助于商家和消费者之间的实时结算,使购物体验更加便捷[146]。虚拟货币的支付方式将在未来的电子商务中发挥重要的作用,加速虚拟货币市场的发展。元宇宙赋能移动电子商务信息服务生态系统是一个不可逆转的趋势,移动电子商务元宇宙的实现虽然存在一些挑战和风险,但通过加强数据管理和安全保护措施,可以最大程度地发挥元宇宙与移动电子商务信息服务生态系统相结合的优势,为提升用户服务体验和创新商业模式带来更多的机遇和价值。

随着元宇宙赋能移动电子商务信息服务生态系统的发展,供应链管理也将发生变化。企业可以通过元宇宙技术传输实时物流信息,提高供应链管理效率。此外,深度集成元宇宙的供应链将运用区块链促进信息共享与透明度,确保追溯性和减少欺诈风险[147]。虚拟服务和数字产品销售减少传统物流需求,转向数字传输和3D打印本地化生产,使得移动电子商务产业供应链更具备灵活性和可持续性。利用虚拟仿真技术(如数字孪生)预测需求变化和优化资源配置,供应链响应速度和调整能力将明显提升。

随着元宇宙的发展和壮大,越来越多的企业将会进入元宇宙市场,并希望通过该平台推广和销售产品。企业可以通过元宇宙获得更多的品牌曝光和消费者认可度,同时也能够吸引更多的用户参与到交易中来。此外,元宇宙还可以为企业提供更加智能、高效和便利的营销工具,通过调整用户行为数据和购物场景等因素,促使用户更加倾向于购买某些产品。通过整合游戏、社交媒体和电商购物等不同的服务,为消费者提供一站式的互联网体验。互联互通的服务不仅能吸引更多的用户加入,扩大市场影响力,同时也能提供个性化的用户体验,以满足不同用户多样化的需求。

6.7 本章小结

本章论述了元宇宙在移动电子商务领域的应用场景、元宇宙的赋能方式等内容。在理论分析的基础上,构建了移动电子商务元宇宙的信息服务体系,基于元宇宙技术的移动电子商务信息服务系统,对元宇宙赋能的系统模型进行了分析。从信息生态学多个角度论述了移动电子商务元宇宙的信息生态圈,提出了移动电子商务元宇宙的实现路径。对移动电子商务元宇宙未来发展面临的挑战进行了概括和总结。

第7章 物联网与信息技术融合的创新模式

7.1 物联网移动商务信息服务模式

物联网(Internet of Things,IoT)技术是一种使物体通过网络相互连接的技术,通过集成应用软件、硬件设备、通信技术和数据分析,实现信息的交换和通信,以达到智能识别、定位、追踪、监控和管理的目的[148]。

移动商务信息服务是通过移动通信网络和移动终端为用户在任何时间、任何地点提供商品交换、支付结算、信息查询、业务处理等商务活动的一种模式。在移动互联网和物联网的发展背景下,移动商务信息服务正不断创新,为用户提供更加高效便捷、个性化和定制化的服务。

7.1.1 物联网整合

5G通信技术与物联网的结合为电子商务领域带来了前所未有的机遇,通过在供应链中使用物联网设备收集数据,可以实现对库存、物流和运输过程的实时监控,提高效率。5G网络提供了更快的传输速度、更低的延迟和更广的连接能力,这些特性使得物联网设备能够在更广泛、更复杂的环境下高效工作,并生成巨量的实时数据流,再结合先进的数据分析技术,这些数据将转化为商业智能,为企业的决策提供强大的数据支持。

(1)供应链管理

在电子商务供应链管理中,各种智能传感器和物联网设备被广泛部署在仓库、运输车辆以及销售点等关键位置[149]。这些设备能够实时监控商品的库存状态、环境条件(如温湿度)、运输过程中的位置和状态等信息。对于冷链物流而言,实时监测冷藏环境至关重要,5G 和 IoT 结合使得从生产到消费的每个环节都可以被严格监控,确保食品安全或医药品质。

(2) 物流监控

借助 5G 网络的大带宽与低延迟特性,实时视频监控在物流环节也得到了加强。运营商可以通过视频了解货物的装卸、运输过程,及时调整途经路线避免拥堵,减少货物损失和提高客户满意度[150]。同时,通过高速的数据传输能力,物联网设备可以与云平台即时同步,实现高效的数据处理和存储,这对于快速变化的电子商务市场环境至关重要。

(3) 数据处理方式

5G 网络进一步促进了物联网设备之间的基于边缘计算的处理能力,设备不仅能够收集数据,同时还能对数据进行初步处理和分析[151]。这种分布式的数据处理方法加快了响应速度,减轻了中心服务器的压力,提高了整个系统的稳定性和可靠性。实时数据分析支持了预测型维护,通过对设备和车辆状况的实时监控,可以预测故障发生,并在问题成为系统错误之前进行维护或更换,减少意外的停机时间,优化资源配置。正是这种实时数据的整合和分析能力,为电商平台提供了对市场动态、消费者行为和偏好变化的深刻洞察,让电商平台能够更精确地预测市场趋势,并据此调整库存或营销策略,增强用户体验,提高服务质量。

7.1.2 物联网技术赋能方式

随着物联网技术的日益成熟,物联网与 5G 技术结合为移动商务信息服务模式带来了革命性的创新,不仅改善了消费者的购物体验,还为商家带来了更高效的运营模式和营销机会。例如,基于物联网技术的自动化仓储系统、智能配送无人机或机器人以及 AR/VR 体验等新型电商模式,都将在 5G 网络支持下展现出无限潜力,从而更加个性化和智能化地满足消费者需求,推动电子商务领域向着更高效、更便捷、更可持续的方向发展。

(1) 物联网设备

物联网设备(如传感器、RFID 标签、智能手机)可以实时数据采集,实时收集关于顾客行为、产品状态、环境参数等的数据,这些数据对促进移动商务服务的个性化和精准推送至关重要。

(2) 智能设备

应用物联网技术能够通过智能设备为用户提供更加沉浸和互动的体验,如通过智能试衣镜、AR/VR 技术等来增强用户线上购物的体验。

(3) 供应链实时监控与管理

物联网技术可以实现对供应链实时监控与管理,使得物流流程更加透明化,降低库存成本,优化供应链,提高供应链效率。

(4) 移动支付技术

物联网设备可以配合移动支付技术,如 NFC、RFID 等智能支付系统,实现无接触支付,简化购物流程,提高交易的便捷性和安全性。

(5) 大数据分析

通过分析收集到的大量数据,可以对用户的购物习惯、偏好进行深入了解和预测,来提供更加个性化的商品推荐和促销活动。

(6) 物流过程追踪

物联网技术使得商品从出库到送达的整个过程都能够实时追踪,增强了物流系统中的信息透明度,降低了误差和风险。

(7) 设备集成

通过智能手机、智能手表等设备的集成,使得商务活动不再局限于特定的时间和地点,为移动商务带来更多可能性。

(8) 优化管理

物联网技术在移动商务场所,如仓库、商店中的应用,可以优化能源和资源的利用,加强能源和资源管理,从而减少运营成本。

(9) 精准访问

物联网设备可以提供更加精准的访问控制,增强数据传输的安全性,并防止欺诈行为,提升安全性。

(10) 监测用户和周围环境

通过智能设备监测用户的健康状况和周围的环境,可以提供关联商品或服务,开辟新的商务模式,比如智能健康监测设备推动相关健康商品的销售。

物联网技术为移动商务信息服务模式带来了革命性的创新,不仅改善了消费者的购物体验,还为商家带来了更高效的运营模式和营销机会。

7.2 智慧城市与移动商务信息服务创新模式

智慧城市是利用信息和通信技术(ICT)的集成应用,实现城市的管理智能化、服务便捷化、生活舒适化、环境友好化以及经济持续化、社会包容化[152]。智慧城市建设着重于充分发挥数据的作用,通过信息集成和分析,提高城市管理的智能化水平,改善城市居民的生活质量和经济活动的效率。智慧城市对数据的高度依赖要求移动商务信息服务不断借助大数据分析进行个性化服务创新,以满足居民日益增长的个性化需求。随着智慧城市对个人信息和数据的广泛应用,消费者对移动商务信息服务的安全性和隐私保护越来越关注[153]。这要求服务商提供更加安全的交易平台和隐私保护措施。智慧城市推动了物联网、人工智能、云计算等技术的融合应用,对移动商务服务模式的改进和创新提供了技术基础,促进了跨界服务模式的出现。

7.2.1 城市基础设施方面

移动支付和物联网技术的结合使得公共服务如公交、地铁、停车场等支付变得更加快速和方便。利用智能手机进行非现金支付,大幅度减少了排队时间,提高了交易效率。移动商务信息服务倡导的无纸化交易、电子票据等,使得城市生活更加绿色环保。智慧城市对环境保护和资源节约的倡导也促进了移动商务服务模式向绿色环保的方向发展。通过移动商务信息服务平台,智慧物流系统的效率得以提升,实现即时配货、准时送达等,同时利用大数据分析和物联网设备监控库存,优化了供应链管理。

7.2.2 城市信息服务方面

通过移动商务服务平台,城市居民可以获取即时的公共服务信息,包括交通信息、天气预报、应急响应等,极大提高了生活便利度和城市的响应能力。互动体验得到提升。移动商务信息服务通过 AR、VR 等技术为用户提供沉浸式购物体验,并与智慧城市中的虚实结合(如智慧博物馆、智慧景区)形成相互强化的趋势。共享经济的兴起。移动商务信息服务使得共享单车、共享汽车等服务变得便捷,这些模式不仅降低了城市居民的生活成本,也为城市交通压力的缓解贡献了力量。

移动商务信息服务模式创新不仅能够提供更加高效、个性化的服务,推动智慧城市的建设,同时智慧城市建设中对数据、技术和安全等方面的要求也在促进移动商务信息服务模式的创新,两者呈现出互相促进、共生共赢的发展趋势。随着双方不断的深度融合,未来智慧城市和移动商务将会更加无缝地结合,形成更高效、智能、便捷的城市生活服务体系。

7.3 智慧旅游与移动商务信息服务模式创新

7.3.1 智慧旅游信息服务生态系统

智慧旅游是利用现代信息技术,尤其是移动互联网、物联网、大数据、云计算和人工智能等新兴技术,打造一个集旅游信息服务、智能体验、旅游电子商务、智能管理等功能于一体的综合旅游服务系统。移动商务信息服务作为智慧旅游的关键支撑之一,通过不断创新,有效推动了智慧旅游产业的发展[154]。随着数字经济的快速发展,智慧旅游信息服务面临着全新的变革和挑战,旅游信息服务生态正在悄然发生变化[155-157]。旅游信息服务生态系统的健全布局和高效运转对于旅游产业的可持续发展具有重要的意义[158-159]。

(1) 系统结构模型构建

信息生态系统[160]的内涵对各个主体之间的关系进行了限定,从生态的、系统的角度分析了信息流动产生的影响,目的是实现信息流动的平衡。服务生态系统是一种商业生态系统,商业生态系统力求整体价值最大化[161-162]。智慧旅游信息服务生态系统作为二者的复合系统,研究对象同时涵盖信息流与信息在数字经济时代被赋予的经济价值,以旅游服务平台为核心,游客需求为导向,信息服务的价值共创为战略目标,由旅游信息生态和线上服务生态中的主体共同参与,具有对旅游信息资源进行整合、共享、传递等功能,是一种竞合共生、动态调节的生态系统。结合信息技术发展对旅游信息服务和生态系统的影响,构建智慧旅游信息服务生态系统结构模型如图7-1所示。

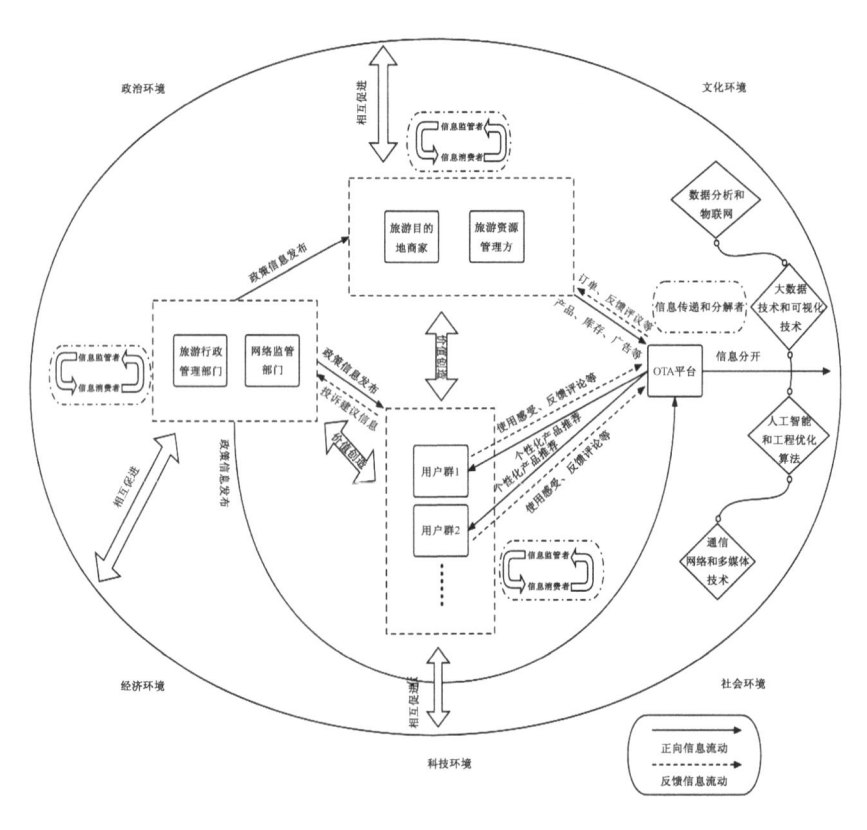

图7-1 智慧旅游信息服务生态系统结构模型

智慧旅游信息服务生态系统仍置身于宏观的社会环境之中,以旅游信息资源为服务内容,以游客需求为发展方向,以 OTA(线上旅行社)平台为服务枢纽,以快捷的信息交流为服务条件,以内外信息服务环境为保障,以信息服务价值共创为交互方式,各个主体协同发展,最终实现互利共赢、协调共生。

(2) 系统组成要素

服务生态系统的组成单元包括生产者单元集合、消费者单元集合、分解者单元集合和市场单元集合[163]。信息生态系统由信息主体、信息本体和信息环境构成[164]。结合二者的概念和相关文献的梳理,可以将智慧旅游信息服务生态系统[165-167]抽象为以下组成部分:

① 信息服务主体

信息服务主体是旅游信息服务活动的主导者,依托于电商平台,参与信息流动的过程之中,是信息服务生态系统协同演进的利益相关方。包括信息生产者、信息传递者、信息消费者、信息分解者和信息监管者。

信息生产者指的是创造旅游信息资源的个人或者组织,其中包括旅游目的地的各类商家,以及旅游资源管理方(以景区为代表)。信息传递者是信息流动的中介,负责对接信息生产者和信息消费者,发挥着桥梁作用,在旅游信息服务生态系统中主要由 OTA 平台扮演信息传递者的角色。在生物学中,分解者的职责是将复杂的有机物分解为简单的无机物,将能量释放到环境中,供生产者再次利用。面对信息这样一种非消耗品,在信息服务生态系统中信息分解者的职责是将信息生产者提供的信息进行存储与展示,使信息接触到信息主体之外的环境,以达到对外部环境产生影响。这些工作由 OTA 平台来完成,因此 OTA 平台同时承担着信息传递者和信息分解者的身份。

信息消费者指的是具有旅游信息需求和信息采纳能力的主体,主要由游客构成。信息监管者负责保证旅游信息服务活动的有序开展,按照法令法规对信息活动进行监督、管理和控制,包括旅游行政管理部门和网络监管部门。

由于信息技术发展对旅游信息服务的影响,游客的反馈也成为旅游企业和

OTA平台进行服务改善的信息来源,游客、旅游目的地商家和OTA平台同时拥有信息消费者和信息生产者的身份。同时旅游行政管理部门也承担着发布政策信息的职责,具有多重身份的职责。因此在旅游信息服务生态系统中,不能单向理解主体之间的关系,这种关系会随着时空的变化而发生变化,在上文中对这些主体赋予的属性只是强调各个主体在信息服务活动中比重较大的行为成分。

② 信息服务本体

信息服务本体指的是各个信息服务主体之间的流动信息具体内容和完成这些内容的信息服务工作。智慧旅游信息服务生态系统中的流动信息具体内容包括政策信息、网络条例、旅游资源介绍、旅游目的地商家的支付信息等等。这些信息资源是生态系统稳定运转的前提,而信息服务工作是发挥信息资源作用的主要渠道,这些工作包括信息收集、整合、搜索、推荐等等。

③ 信息服务环境

信息服务环境指的是信息服务生态主体存在与发展的背景、时空的要素的集合,包括技术环境和宏观环境。技术环境指的是以OTA平台为支撑的信息技术应用情况,主要由感知层、网络层和平台层构成。感知层指的是游客所使用的移动设备终端;网络层指的是以互联网和物联网为基础的信息传输方法,负责联系感知层与平台层;平台层指的是对旅游进行信息服务的云计算平台。宏观环境指的是旅游信息生态系统所处的宏观背景,包括文化因素、经济因素、政治因素、科技因素和社会因素。

(3) 系统内各要素关系

① 信息服务主体与信息服务本体

本体来源于主体,主体通过本体建立联系。在旅游信息服务生态系统中,无论是信息内容还是服务内容都来自其中的主体。政策信息、网络条例信息来自相关管理部门,反馈评论、投诉举报信息来自游客,景区介绍、导航信息来自旅游资源管理方,商品库存、促销折扣信息来自旅游目的地商家,信息搜索、信息推荐服务则来自 OTA 平台。各个主体通过信息流动相互影响,共同运营旅游信息服务生态系统。

② 信息服务主体与信息服务环境

信息服务主体与信息服务环境存在相互促进、相互制约的关系。信息服务主体处于信息服务环境之中,信息服务环境给予信息服务主体进行创新发展的必要条件,但是信息服务主体的发展也会受到环境中各种客观条件的制约。另一方面,信息服务主体也挥着带动整个信息服务环境中的其他单位集合共同进步的作用,信息服务主体的发展状况也会对信息服务环境的整体发展产生影响。因此二者的关系可以概括为相互促进、相互制约。

③ 信息服务本体与信息服务环境

信息服务本体与信息服务环境之间存在着互利共生的关系。信息服务本体依赖于信息服务环境而生存。信息服务环境是动态的社交单位的集合,信息服务环境运行的过程中必然会创造出信息,因此二者是互利共生的关系。

智慧旅游信息服务生态系统是一个复杂的复合系统,由信息服务主体、信息服务本体和信息服务环境三个方面构成。信息服务本体包括流动信息的具体内容和完成这些内容的信息服务工作,信息服务环境包括技术环境和宏观环境。这些组成部分之间相互作用、相互依赖、相互影响,形成了一个协同演化的利益相关方网络。在旅游信息服务生态系统中,信息服务主体的多重身份和属性不断变化,相应地,信息服务本体和信息服务环境也会发生变化,需要不断进行协调和优化,以实现系统的良性发展。

(4) 系统特点

① 开放性

智慧旅游信息服务生态系统具有开放性,开放性具体体现于在生态系统中存在着的信息并不只是在系统内部进行流动,这些信息会通过云平台在网络上流动至外界,对外界产生一系列的影响。OTA 作为系统中重要的信息分解者,肩负着将系统内部的信息公开至生态系统外的宏观环境之中的任务,这些信息流动到外部环境中会被有需求的主体接受采纳,这些主体可以通过这些信息对系统内部的各个主体情况进行分析,从而为自身是否进行投资、研究等活动提供参考。

② 动态性

智慧旅游信息服务生态系统的动态性体现在两个方面。纵向上,旅游信息服务生态系统是不断发展、变化的,一般情况来说,健康的生态系统并不总是平衡的,它能达到的平衡只是相对的,随着时空的变化,生态系统也会随之进行变化。横向上来说,动态性体现在生态系统中各个主体的关系上,各个主体的关系并不是固定的,每一个主体的身份是可能不断变化的。

③ 自组织性

自组织的概念是相对于他组织而言的。他组织是在外界特定干预下进行的,主要是受到外界指令的结果。自组织表示系统的运动是自发的,同时自发是以系统内部的矛盾运动为根本的。旅游信息服务生态系统会伴随着外界的变化而变化,但是这种变化的动力源于系统内主体之间的相互作用,特别是信息生产者和信息消费者之间的非线性复杂关系,大多数系统运动都是来源于二者信息关系不协调而产生的矛盾。

④ 游客控制性

游客控制性指的是旅游信息服务生态系统的运行以游客为主导,游客拥有整个生态系统中最大的控制权。这是因为游客决定自己将浏览到哪些信息,信息传递者控制游客的能力是有限的,因为最终信息采纳的判断决定权在游客自己手中,因此游客的信息需求主导着信息的生产,整个生态系统的运行都是以游客的信息需求为导向的,游客群体就是旅游信息服务生态系统中的关键成员。

旅游信息行为的变化促进了旅游信息服务生态系统的演变,其中包括信息传播成本降低、信息流动效率提高、多源异构大数据成为基础性信息资源、信息服务更加精准等特征。此外,旅游信息服务主体之间的价值共创加强,游客信息素养提高,这些变化体现了旅游信息服务生态系统的升级与改变。

7.3.2 智慧旅游信息服务系统生态性评价

智慧旅游信息服务生态系统的健全布局与高效运转对于旅游产业的可持续发展具有重要意义,针对当前旅游信息服务的快速发展和市场需求,对智慧旅游信息服务生态系统的生态性建设进行评价,可以为提升旅游信息服务质量和效率提供科学的依据与方法。

(1) 评价指标构建依据及原则

评价指标构建的基础思路从旅游信息服务生态系统的构成要素出发,将信息服务主体、信息服务本体和信息服务环境作为评价体系的一级指标。目前国内出现了众多关于信息服务生态性评价的研究成果,并且出现了诸多成熟的评价指标体系可以作为本研究的参考。

张海涛等(2012)从商务信息、信息人、信息环境和信息技术四个方面构建了商务网站信息生态系统的配置效率评价指标体系[168]。该评价指标体系体现出了商业生态的自适应性和整体性,其中关于商务信息的评价指标较好反映出了信息对商务活动的作用,关于信息环境的评价指标囊括了市场环境、法律环境和政策环境的内容,全面地反映出战略制定的背景,因此在信息服务本体和环境层面,本书借鉴了该研究的评价指标内容。李宗富等(2016)从信息人、信息服务与办事服务、信息技术三个层面对政务微信公众号服务进行了生态性评价[169]。该研究中信息人层面的评价指标反映出了信息服务活动中主客体的行为交互特征和角色定位特征,信息服务与办事服务中有效区分了信息价值和服务价值,适应了信息服务生态的复合特征。因此在信息服务主体和本体层面,本书借鉴了该研究的评价指标内容。

(2) 评价指标体系

① 信息服务本体

根据旅游信息服务生态系统中信息服务本体的构成,将该层面分为信息与服务两个二级指标。

信息包含内容质量、表达质量、效用质量(实时性、效用性)和集合质量

（系统性和结构性）四个二级指标。内容质量对于游客的决策具有重要影响，该指标指的是信息的准确性与客观性。比如，针对旅游景点信息是否准确反映景点特色、门票价格、开放时间等内容就通过内容质量进行评价。表达质量决定了旅游者对信息的理解程度，该指标指的是信息的简洁性、易懂性和一致性。比如，针对旅游线路信息行文是否简洁易懂，是否使用行业术语，是否符合旅游者的语言习惯就通过表达质量进行评价。效用质量是评价信息能否满足游客需求的关键指标，该指标指的是信息的实时性和效用性。比如，针对旅游天气预报信息是否符合旅游者在不同季节和地点出行的需求就通过效用质量进行评价。集合质量涉及不同信息之间的关联性和组织形式，该指标指的是信息的系统性和结构性。比如，针对旅游攻略信息的组织结构是否合理，是否具备景点、交通、酒店等各方面的信息，就通过集合质量进行评价。

服务包含服务实用性、服务工具手段方法、服务便捷性、服务创新性和服务稳定性五个三级指标。首先，旅游信息服务的最终目的是为游客提供实用信息，以满足其旅游需求，这些信息包括旅游景点、交通、住宿、餐饮、购物等方面的信息。旅游信息服务的传播渠道和方式也具有特殊性，除了传统的网站、应用等方式，还包括旅游攻略、旅游咨询、旅游线路规划等方式。因此，在评价旅游信息服务生态系统时，需要考虑服务工具的多样性、服务手段的灵活性、方法的实用性。旅游信息服务需要及时提供相关信息，以便游客作出决策。而旅游活动的时间较为紧凑，因此服务的响应速度和交互方式也需要具有一定的便捷性。在评价旅游信息服务的生态系统时，需要考虑服务的响应速度、交互方式的便捷性等因素。旅游信息服务需要不断创新以满足游客的需求。而旅游信息服务的创新包括信息呈现方式、信息内容的更新、交互方式的改进等方面。在评价旅游信息服务生态系统时，需要考虑服务创新的频率、创新内容的实用性等因素。旅游信息服务需要具有一定的稳定性，以保证游客在旅游过程中能够及时获取相关信息。因此，在评价旅游信息服务生态系统时，需要考虑服务的稳定性，包括服务的可靠性、安全性、稳定性等因素。

② 信息服务主体

由于旅游信息服务生态具有游客控制性,游客是旅游信息服务的最终受益者和主要控制者,因此在信息服务主体上本书将其分为游客与其他主体两个二级指标。

游客分为利用意愿与素养、期望与满意程度和利用成本与效益三个三级指标。利用意愿与素养是旅游信息服务对游客接受程度和能力的考量。旅游信息服务生态系统需要根据游客的利用意愿和素养水平来设计信息服务,提供更加符合游客需求的信息内容和服务形式。如果游客对旅游信息服务的兴趣度不高,那么需要提高信息的吸引力和可读性,以吸引游客的注意力。期望与满意程度是指旅游信息服务对游客体验的关注和反馈程度。旅游信息服务生态系统需要关注游客对服务的期望和反馈,以便及时调整信息服务的内容和形式,提高游客的满意度。利用成本与效益是旅游信息服务在游客风险评估中所处的地位。旅游信息服务生态系统应该使游客感知到正向的投入产出比,优化信息服务的设计和运作方式,提高信息服务的效率和游客满意度。

其他主体分为服务主体的意识、对游客需求的了解与把握程度、协同服务能力和运维主体支持保障能力四个三级指标。服务主体的意识指的是服务主体对旅游信息服务的认识和理解程度,其对旅游信息服务生态系统的重要性、对游客需求的敏感性、对技术发展的关注程度等都会影响其提供的服务质量和效果。对游客需求的了解与把握程度包括对不同游客群体的需求、旅游目的地的特色等方面的了解和把握程度。这对于服务主体提供精准、个性化的旅游信息服务非常重要。协同服务能力是指服务主体之间进行合作与协作的能力。不同服务主体之间需要进行信息共享、合作配合等,才能提供更加完整、高效的旅游信息服务。运维主体支持保障能力指的是运维主体在旅游信息服务生态系统中的保障作用,包括对技术设备的维护、运营成本的支持、安全保障等方面。这些支持和保障措施的落实将为旅游信息服务提供有力保障,保障旅游信息服务的稳定性和可靠性。

③ 信息服务环境

根据信息服务环境的构成,将信息服务环境分为技术环境和宏观环境两个二级指标。

技术环境包括服务安全及稳定性、存储及传输速度、移动通信网络传输能力及覆盖范围三个三级指标。服务安全及稳定性指的是旅游信息服务生态系统是否具有足够的安全保障措施,以防止非法攻击和信息泄露等安全问题,以及系统是否具有足够的稳定性,保证游客可以在任何时候都可以获得稳定、可靠的服务。存储及传输速度指的是旅游信息服务生态系统的存储及传输数据的速度,包括数据存储和传输时延、数据传输速率、网络带宽等因素。移动通信网络传输能力及覆盖范围可以衡量旅游信息服务生态系统的地理范围、覆盖范围和移动网络传输的质量和速度,以保证游客在任何时候、任何地点都可以获得信息。

宏观环境包括国家和政府的宏观调控能力、法律法规的完善程度和环境协调度三个三级指标。国家和政府的宏观调控能力影响旅游行业的政策环境和市场环境,政府的旅游扶持政策、产业政策和基础设施建设都会对旅游信息服务生态系统的发展和运营产生影响。通过考察政府对旅游信息服务生态系统的支持程度,可以进而确定旅游信息服务生态系统的发展前景。法律法规的完善程度对旅游信息服务生态系统的合法性和规范化运营起到重要作用。法律法规的完善程度反映了国家对旅游行业的监管和管理水平,旅游信息服务生态系统如果能够在法律法规的框架内进行规范化运营,将有利于保障游客的合法权益,提高服务的安全性和可靠性。环境协调度指整体环境的适应度和可持续性,对旅游信息服务生态系统的健康发展和长期运营至关重要。例如,旅游信息服务的内容和形式需要适应不同地域和文化环境的需求,同时也需要遵循环境保护、资源节约和可持续发展等方面的原则。

综上,旅游信息服务生态系统评价指标体系如表7-1所示。

表7-1 旅游信息服务生态系统评价指标体系

一级指标	二级指标	三级指标	指标描述	来源
信息服务本体	信息	内容质量[168]	信息传达的清晰度、简洁度、可读性和易理解性	张海涛等（2012）
		表达质量	易于理解、前后一致性、简洁性	张海涛等（2012）
		效用质量	信息的及时性、实用性和适用性	张海涛等（2012）
		集合质量	信息的组织性、分类性、关联性和整合性	张海涛等（2012）
	服务	服务实用性[170]	服务对游客需求的满足程度和实际使用效果	陈岚（2015）
		服务工具手段方法[169]	服务所采用的工具和方法是否科学、高效、便捷	李宗富等（2016）
		服务便捷性[171]	服务的使用过程是否便捷、简单、快速	严炜炜（2011）
		服务创新性[171]	服务在实现基本功能的基础上，是否具有独创性、创新性和差异化	严炜炜（2011）
		服务稳定性	服务运行的稳定性、可靠性和持续性	李宗富等（2016）
信息服务主体	游客	利用意愿与素养	游客对旅游信息服务的认知、态度和意愿程度	李宗富等（2016）
		期望与满意程度	游客对旅游信息服务的期望和满意度	严炜炜（2011）
		利用成本与效益	游客利用旅游信息服务所需要的成本和所获得的效益比	陈岚（2015）

续表 7-1

一级指标	二级指标	三级指标	指标描述	来源
信息服务主体	其他主体	服务主体的意识	服务主体对旅游信息服务的重视和理解程度	李宗富等（2016）
		对游客需求的了解与把握程度	服务主体对游客需求的认知和掌握程度	李宗富等（2016）
		协同服务能力	服务主体之间协同服务的能力和程度	李宗富等（2016）
		运维主体支持保障能力	运维主体对信息服务生态系统的维护和支持能力	李宗富等（2016）
信息服务环境	技术环境	服务安全及稳定性	服务是否安全可靠，能否稳定运行	李宗富等（2016）
		存储及传输速度	数据存储和传输速度是否满足游客需求	李宗富等（2016）
		移动通信网络传输能力及覆盖范围	移动通信网络的传输能力和覆盖范围是否能够支持旅游信息服务的实时性和准确性	李宗富等（2016）
	宏观环境	国家和政府的宏观调控能力	政府在旅游信息服务生态系统中对旅游产业的整体调控能力和支持程度	张海涛等（2012）
		法律法规的完善程度	针对旅游信息服务生态系统相关法律法规的制定和完善程度	张海涛等（2012）
		环境协调度	整体环境的适应度和可持续性	张海涛等（2012）

（3）评价指标权重计算

本书采用层次分析法对各个指标的权重进行计算。邀请了 20 位旅游领域和信息资源管理领域的专家先后对同级指标之间的重要性进行两两比较，逐层确定指标的权重，最后选取 20 位专家打分的众数构造判断矩阵，保证数据分析的相对准确。专家打分采用1至9的比例标度,标度的含义如表7-2所示。

表7-2 标度含义

标度	含义
1	表示两个元素相比,具有同样重要性
3	表示两个元素相比,一个元素比另一个元素稍微重要
5	表示两个元素相比,一个元素比另一个元素明显重要
7	表示两个元素相比,一个元素比另一个元素强烈重要
9	表示两个元素相比,一个元素比另一个元素极端重要
2,4,6,8	为上述相邻判断中的中值

判断矩阵的每个元素表示对应行指标与对应列指标之间的比较结果,一级指标的判断矩阵如表7-3。

表7-3 一级指标判断矩阵

指标	信息服务本体	信息服务主体	信息服务环境
信息服务本体	1	1	2
信息服务主体	1	1	1
信息服务环境	0.5	1	1

使用方根法计算各个指标的权重,步骤如下:

对于 m 维判断矩阵 A 中第 i 行 j 列元素 a_{ij},计算每行元素乘积的 m 次方得到一个 m 维度向量:

$$\bar{w}_i = \sqrt[m]{\prod_{j=1}^{m} a_{ij}}$$

将向量标准化即为权重向量,即得到权重

$$w_i = \frac{\bar{w}_i}{\sum_{j=1}^{m} \bar{w}_{ij}}$$

通过一致性检验确定构建的判断矩阵是否存在逻辑问题。首先计算最大特征根：

$$\lambda_{\max} = \frac{1}{m}\sum_{i=1}^{m}\frac{Aw_i}{w_i}$$

其中 Aw_i 为矩阵标准化后的权重，然后按照行累加得到的值。根据最大特征根计算一致性指标 CI，当 CI≤0.1 时，一致性检验通过，这说明判断矩阵不存在逻辑问题，权重具有科学性。其中：

$$CI = \frac{\lambda_{\max} - n}{n - 1}$$

由此计算出的权重与一致性检验结果如表 7-4 所示。

表 7-4 权重计算结果

AHP 层次分析结果				
项	特征向量	权重值/%	最大特征根	CI 值
信息服务本体	1.26	41.26	3.054	0.027
信息服务主体	1	32.748		
信息服务环境	0.794	25.992		

同理，可以对每个一级指标下的三级指标权重进行计算。由于每个一级指标下的二级指标数量小于三个，使用层次分析法则失去了两两比较的意义，因此本书直接从三级指标入手，通过对每个一级指标下的三级指标作分析从而确定二级指标的权重。最终计算结果归一化处理后如表 7-5 所示。

表 7-5 指标权重

一级指标	二级指标	三级指标	特征向量	权重值/%	最大特征根	CI 值	归一化处理/%
信息服务本体	信息	内容质量	2.579	23.13	9.204	0.026	9.54
		表达质量	0.776	6.961			2.87
		效用质量	0.399	3.577			1.48
		集合质量	0.226	2.028			0.84

续表 7-5

一级指标	二级指标	三级指标	特征向量	权重值/%	最大特征根	CI 值	归一化处理/%
信息服务本体	服务	服务实用性	1.537	13.791	9.204	0.026	5.69
		服务工具手段方法	1.537	13.791			5.69
		服务便捷性	1.537	13.791			5.69
		服务创新性	0.948	8.504			3.51
		服务稳定性	1.608	14.427			5.95
信息服务主体	游客	利用意愿与素养	0.729	9.45	7.591	0.099	3.09
		期望与满意程度	0.672	8.717			2.85
		利用成本与效益	0.49	6.36			2.08
	其他主体	服务主体的意识	1.919	24.9			8.15
		对游客需求的了解与把握程度	1.511	19.604			6.42
		协同服务能力	1.168	15.155			4.96
		运维主体支持保障能力	1.219	15.814			5.18
信息服务环境	技术环境	服务安全及稳定性	3.26	42.82	6.467	0.093	11.13
		存储及传输速度	1.458	19.15			4.98
		移动通信网络传输能力及覆盖范围	0.681	8.949			2.33
	宏观环境	国家和政府的宏观调控能力	1.199	15.749			4.09
		法律法规的完善程度	0.548	7.205			1.87
		环境协调度	0.467	6.128			1.59

(4) 综合评价结果

智慧旅游信息服务生态系统由信息服务本体、主体和环境三方面要素构成,在评价体系中,信息服务本体权重最高,信息服务主体其次,信息服务环境最低。旅游信息服务需要注重提升内容质量、服务稳定性和实用性,加强对服务主体的培训和引导,提高对游客需求的理解和把握程度,重视服务安全和网络传输的速度和覆盖范围问题。

本书所构建的智慧旅游信息服务生态性评价指标体系可以用于评估旅

游信息服务的生态性能,为智慧旅游信息服务系统的建设和运营提供指导和支持,优化旅游信息服务系统的运营效率和游客满意度,同时也可以促进旅游信息服务的可持续发展。从评价指标体系中可以看出:信息服务本体中,内容质量是最重要的一项,因此在提升旅游信息服务质量时需要注重内容的真实性、全面性和权威性。同时,服务稳定性和服务实用性的权重值也较高,因此在优化旅游信息服务时需要保证服务的稳定性和实用性。信息服务主体中,服务主体的意识和对游客需求的了解与把握程度是比较重要的,这意味着在提升旅游信息服务质量时,需要加强对服务主体的培训和引导,提高他们对游客需求的理解和把握程度。信息服务环境中,服务安全及稳定性是最重要的一项,这意味着在构建旅游信息服务生态系统的时候需要重视安全问题,加强服务的稳定性和可靠性。同时,移动通信网络传输能力及覆盖范围的权重值也较高,这意味着在设计旅游信息服务平台时需要考虑网络传输的速度和覆盖范围。

7.3.3 智慧旅游信息服务创新模式

物联网与信息技术的发展为旅游产业的发展注入了新的活力,文旅消费行为呈现出生产消费平台化、消费空间在线化、消费主体多元化、消费模式多元化、消费推送精准化和旅游体验场景化的特征[172],旅游行为在此背景下的变化推动了旅游信息服务的升级与改变。信息颗粒度进一步细化,信息服务更加精准;旅游电子商务涉及的信息技术形成了一条完整的协作分工技术链条[173-174];多源异构大数据成为旅游信息服务的基础性信息资源。信息传播成本降低,信息流动效率大幅提高,信息流动方向形成网状结构;旅游信息服务主体之间的价值共创进一步加强;游客信息素养提高,并且成为信息服务系统的主导者。信息服务的这些升级与改变呈现在旅游信息服务生态系统中,主要体现在以下方面:

(1)旅游产品和服务的个性化创新

移动设备如智能手机和平板电脑成为旅游者的常伴物品,使得旅游者可以随时随地接入互联网,利用各种旅游相关的应用进行信息查询、预订、分享和支付等活动。移动商务信息服务模式的创新发展,如实时预订服务、LBS(位置服务)、移动支付、AR(增强现实)旅游应用等,提供了更加便捷和智能的消费体验,从而促进了智慧旅游产业的扩张和深化。

移动商务信息服务模式的创新,如利用大数据分析消费者的旅游行为和偏好,可以为旅游者提供更为个性化的旅游服务。例如,根据旅游者的历史搜索和预订信息,推荐符合其兴趣的景点、酒店和餐饮服务。这些个性化服务的提供增强了旅游者的满意度和忠诚度,对于智慧旅游产业的发展是一个积极的推动作用。

(2) 旅游服务流程模式的创新

移动商务信息服务模式创新通过在线预订、电子票务、移动导航、实时信息推送等方式,改造了传统的旅游服务流程,为旅游者带来了更高效的服务。创新的移动商务模式如旅游 App、在线预订平台等,通过移动 App,旅游者可以一站式完成从景点信息查询、酒店预订、线路规划到餐饮娱乐的所有服务环节。这种服务不仅大幅提升了效率和便捷性,而且通过数字化的服务记录,为旅游服务质量管理和持续改进提供了数据支持,提升了智慧旅游的服务质量。助力智慧旅游产业的发展,提高游客体验,同步促进了城市旅游业的数字化转型。

(3) 旅游营销服务模式的创新

移动商务信息服务模式的创新为智慧旅游产业提供了新的营销渠道和手段。利用社交媒体、移动广告、地理位置服务等手段,旅游服务商可以更精准地触达潜在客户群。通过分析用户在移动平台上的行为模式,旅游企业能够更有效地设计营销活动,提升营销效果。通过实施精准营销和精准服务,智慧旅游既能满足游客需求,又能避免资源的过度开发和浪费。此外,移动商务的普及有助于减少纸质材料的使用,降低环境负担。借助移动技术,旅游者也可以更容易获得环保旅游相关的信息和建议,从而引导旅游者形成环保的旅游习惯。

(4)旅游行业管理模式的创新

移动商务信息服务的不断创新也帮助旅游行业管理者优化其管理工作。例如,通过移动设备的数据收集和分析,管理者能够实时监测旅游景点的客流量,从而进行客流调控,保障景区内的安全、秩序和服务质量。同时,也能利用移动技术进行景区监测、环境保护和能源管理,提高整个旅游业的管理水平。

移动商务信息服务模式创新与智慧旅游产业发展紧密相连,两者相辅相成,两者互为因果、互相激励,推动着旅游业向更高级别的数字化、智能化和个性化发展。通过创新的移动商务信息服务,旅游业的服务质量、操作效率和市场竞争力正在不断提升,为游客创造了更好的旅游体验,为旅游目的地带来了更多的经济效益和社会效应。未来,随着技术的不断进步和用户需求的不断演化,移动商务信息服务模式的创新及其在智慧旅游产业中的应用将进一步发展和深化。

7.4 人工智能信息服务创新模式

人工智能在移动商务信息服务模式创新中的应用凸显了其在提升效率、优化用户体验、降低成本和创新服务等方面的重要作用[175]。

7.4.1 人工智能创新应用

(1)智能化客户服务与支持

在移动商务信息服务模式中,人工智能可以通过聊天机器人(Chatbots)、虚拟助理(Virtual Assistants)和自然语言处理(NLP)技术为用户提供24/7的即时客户支持,这些智能系统可以解答客户的问题,提供个性化建议,并解决问题,从而加强用户体验。

(2)智能推荐系统

通过机器学习和数据挖掘技术,移动商务平台能够分析消费者行为、购买历史和偏好,从而为用户推荐个性化商品或服务。这种智能推荐系统可以显著提高转化率和客户满意度。

（3）预测性分析

利用基于大数据的人工智能，移动商务企业可以进行市场趋势分析和消费者购买行为预测，这些分析帮助企业制定更有效的营销策略和库存管理。

移动商务平台通过人工智能可以对用户行为进行实时跟踪分析，推送高度个性化的营销信息和广告，增强用户参与度和购买意愿；能利用机器学习技术动态调整产品价格以适应市场变化和消费者需求，实施动态定价策略，从而提高利润。

（4）用户体验优化

通过人工智能的数据分析和机器学习，可以持续监控用户交互，优化应用设计和功能，提供更直观和个性化的用户体验。例如，智能语音交互助手允许用户通过语音命令进行购买和获取信息，提升了移动商务的无缝体验；人工智能能够实现无人商店的运营，用户通过移动应用进行购物和自动支付，无须排队和人工结账，提供快速便利的购物体验。

（5）安全性和欺诈检测

人工智能系统能够实时分析交易数据，识别异常行为，预防欺诈风险。这是通过模式识别和异常检测算法来实现的，确保了移动交易的安全性。

（6）供应链管理和物流

在移动商务中，人工智能可以优化库存管理、物流规划，提高供应链透明度和效率。例如，通过预测分析来优化存货量，使用自动化工具来编排货物的运输。

大数据与5G通信技术的结合能够为移动电子商务提供精准的个性化推荐和精细化管理。大数据技术可以对大规模的用户行为数据进行挖掘和分析，从而得到用户的兴趣和需求，为用户提供个性化的推荐服务。而5G通信技术提供了高带宽和低延迟的传输特性，可以实现海量数据的快速传输和处理。大数据与5G通信的结合，可以为移动电子商务提供更加精准个性化推荐和精细化管理，提升用户的满意度和忠诚度。

7.4.2 大数据用户画像创新

"仿真模型+数据驱动"的混合建模技术在结合 AI 和大数据分析时,可以有效地迭代优化用户画像,并因此创新移动商务信息服务模式[176]。

(1) 初始用户画像建立

首先使用已有的用户数据建立初始的用户画像,这涉及收集用户的基本信息(如年龄、性别、地理位置等),以及他们的行为数据(如购买历史、浏览习惯、应用使用情况等)。

(2) 仿真模型开发

开发针对用户行为的仿真模型,这些模型能够模拟消费者的决策过程和行为模式。这些模型可以基于经济学、心理学、社会学等领域的理论,以及先前的实验和研究结果来构建。

(3) 数据驱动的深度学习

使用大数据分析技术,特别是深度学习,来从大量的用户交互数据中提取复杂的模式和特征。深度学习模型能自我学习和识别用户行为中的隐藏关系,这能有力增强用户画像的精确性。

(4) 迭代优化

将仿真模型的输出和深度学习的结果结合起来,对用户画像进行迭代优化。AI 系统可以不断调整模型参数,使模型能更好地反映用户行为的变化。

(5) 实时更新与反馈

在移动商务平台中,系统需要有能力实时收集用户数据,并将其反馈到仿真和数据驱动模型中,这样可以不断地细化用户画像,并及时调整服务模式。

(6) 个性化服务

利用优化后的用户画像,移动商务平台可以提供更加个性化的服务,如定制推荐、个性化营销和个性化内容呈现等。

(7) 用户体验提升

随着用户画像的不断迭代和优化,商务平台能够提供更符合用户需求和喜好的服务,从而提升用户体验,增强用户满意度和忠诚度,并最终推动业务增长。

(8) 商业模式创新

凭借对用户画像和行为的深入理解,企业可以设计出新的商业模式,开发新的产品或服务,甚至是发现新的市场机会。

在移动商务信息服务中,结合仿真模型与数据驱动的混合建模技术,并利用人工智能和大数据进行用户画像的迭代优化,可以大大提高商务决策的准确性,更好地服务用户,同时也为移动商务带来新的变革和增长机会。

7.4.3 深度学习能力创新

构建具有深度学习能力的移动电子商务信息服务生态系统涉及对深度学习、移动技术、商务流程和数字生态的理解,这类系统能够实现高度个性化的用户体验、智能化的运营管理和持续的商业模式创新。要构建具有深度学习能力的移动电子商务信息服务生态系统,需要在多个领域内部署策略和技术,其目标是创建一个智能环境,从中可以自动学习用户行为、优化业务流程,并且能够根据市场发展持续创新。

(1) 用户体验个性化

首要任务是提供一个高度个性化的用户体验,这需要集成深度学习技术来分析用户数据,例如购买历史、浏览行为、偏好设置和社交媒体活动。通过这些分析,为用户提供定制化的产品和服务推荐、个性化的内容展现和针对性的营销。由于隐私保护的重要性不断加大,要确保遵循严格的数据保护法规,并明确告知用户如何使用他们的数据,并且提供给用户管理个人数据的选项。

(2) 移动技术的适配和优化

由于移动设备是用户接触移动商务生态系统的首选平台,因此必须针对移动用户优化体验。移动应用程序需要快速加载页面、简洁的用户界面和无缝的交互体验。还需要利用移动设备的特殊功能,如摄像头、GPS 和传感器,为商务活动添加增强现实(AR)或者基于位置的服务。此外,深度学习模型需要针对移动设备进行优化,以便在有限的计算资源下工作,同时保证实时响应。模型压缩、知识蒸馏和移动特定的神经网络架构将是优化工作的一部分。

(3) 智能化运营管理

为了智能化地管理运营,需要对内部流程实施自动化和优化。利用深度学习,能够根据需求和预测对库存进行管理,实时调整定价策略,以及分析物流以提高配送效率。通过对交易和用户行为的深度学习分析,可以预测市场趋势,优化采购和供应链管理。此外,智能聊天机器人和虚拟助手可以用来提高客户服务质量,同时降低人工成本。

(4) 数据驱动的商业模式创新

数字生态系统让商业模式创新变得更加便捷,可以快速测试和验证新想法。深度学习可以协助我们理解哪些产品或服务在市场上能够获得成功,并进一步优化这些产品的特性。要建立一个灵活的平台,以支持快速的商业实验,能够根据反馈调整产品特性或者定位的能力对于应对快速变化的市场十分关键。

(5) 安全与隐私

在集成深度学习到商务流程的同时,必须确保系统的安全不会被威胁。保护用户数据和公司资产要部署最新的安全技术,如多因素认证、端到端加密和持续的安全评估。同时,使用深度学习技术来检测和预防欺诈行为也是保护系统安全的一个重要手段。通过分析交易模式和用户行为,可以发现潜在的欺诈风险,并快速采取措施。

(6) 组织结构与技术专业知识

为了支持深度学习能力的发展,这套数字生态系统需要一个跨功能团队合作工作,包括数据科学家、商务专家、移动开发人员和用户体验设计师。组织内部需要建立持续学习的文化,鼓励员工接受最新的深度学习和移动技术培训。同时,应当与大学和科研机构合作,以获得最先进的知识和技术。

(7) 伙伴关系与生态合作

在构建具备深度学习能力的生态系统过程中,要与各种合作伙伴建立伙伴关系,包括技术供应商、内容创作者和其他商业实体。通过合作可以实现价值共创和增值,利用彼此的优势和市场机会。此外,参与更广泛的数字生态,可以利用已有的数据和资源,更好地理解顾客需求,提供有竞争力的移动产品和信息服务。

(8) 持续监控与改进

为了确保生态系统的成功,需要实施持续的监控和改进机制,通过监控KPIs(关键绩效指标)和用户反馈,及时了解系统中深度学习能力的表现,并快速作出调整。还需要对深度学习模型进行持续训练,确保其准确性随着时间的推移而提升,持续改进的文化和对数据洞察的快速响应将成为该系统成功运行的关键因素。

构建一个具有深度学习能力的移动电子商务信息服务生态系统是一个跨学科的综合性任务,它需要商业战略规划、软件工程、数据科学和用户体验设计等领域的知识。这个生态系统是动态发展的,需要不断适应外部环境的变化和内部创新的需求,还需要全面的策略规划,技术实施,不断验证学习和迭代优化。

7.5 智能制造信息服务创新模式

7.5.1 智能制造生态系统

智能制造是以信息物理系统(Cyber-Physical Systems,CPS)为基础、深度融合信息技术和制造技术,推动制造业高度灵活、高效率和智能化的生产方式[177]。智能制造作为制造业升级的重要方向,借助先进的信息技术和智能技术来实现制造过程的智能化,进而提升效率、减少资源浪费,并更好地满足市场和客户需求。

移动电子商务和智能制造成功融合的关键在于创造一个灵活、适应性强的生态系统,该系统能够顺应市场需求的变化,并快速响应消费者的个性化要求,缩小移动电子商务和智能制造之间的数字鸿沟,同时推动跨领域的合作和技术融合,促进更高效、更个性化、更可持续的商业模式的发展[178]。

智能制造在系统中可以实现数据驱动的决策:通过收集和分析各环节的生产数据,企业能够在移动商务平台制定更加精准的市场策略。提高生产的适应性和灵活性:智能制造系统能够快速调整生产线,快速响应移动商务平台的客户需求变化。增强产品生命周期管理:通过对产品全生命周期的追踪和管理,企业能够提供超出传统销售模式的附加服务,提高客户黏性。推动跨界协同创新:智能制造与移动商务的结合,鼓励不同领域间的协作,比如IT技术和制造业的结合,可以创造出全新的产品和服务。提升供应链管理效率:通过移动商务信息服务平台与智能制造系统的协同工作,企业间的通信变得更加方便快捷。

要打破移动电子商务信息服务平台与智能制造信息服务模式之间的数字鸿沟,需要探索能够将两者紧密结合的创新商业模式,这种融合可以提升生产效率,提供个性化产品和服务,并优化整个移动商务产业链。

7.5.2 智能制造生态系统创新商业模式

(1) 个性化和定制化产品生产模式

智能制造通过高度灵活的生产线和先进的数据分析技术,使得个性化和定制化生产成为可能。这种生产模式能够直接响应移动商务客户的个性化需求,生产符合个人偏好的产品。移动平台用户可以通过移动端设备直接参与到设计和生产过程中,如选择颜色、尺寸、功能等定制选项,并实时跟踪产品制造进度,大大增强了消费者体验。对企业来说,能够通过收集用户数据来精准预测市场趋势和客户偏好,通过智能制造按需生产,减少库存积压和物流成本。

(2) 供应链管理的智能化模式

智能制造利用物联网技术实现设备和生产资料的互联互通,制造业的供应链管理因此变得更加智能化。通过移动商务平台,企业可以实现原材料的实时追踪和库存管理,提高供应链反应速度和资源利用率。比如,商品在各个流通节点的状态可以实时反馈到移动商务平台上,供应商、物流商和终端消费者均能实时获取相关信息,提高供应链的透明度,降低风险,并且提升整体效率。

(3) 服务与产品销售的整合模式

在智能制造的助力下,产品的销售与服务可以更紧密地结合。通过移动商务平台可以不仅仅销售产品,还可以提供与之关联的增值服务。例如,智能家居产品的销售,可以通过移动平台提供远程设备维护、数据分析等服务。这样的整合能够让消费者享受到更加全面的购买体验,对企业来说,则能够开辟新的收入来源。

(4) 人工智能辅助的用户支持模式

在智能制造的环境下,大量生产数据被捕获并分析,通过移动商务平台,利用人工智能技术,可以精准地预测用户需求并实现个性化推荐。智能客服系统可以全天 24 小时为用户提供咨询服务,提高了响应速度和服务质量。AI 分析还可以帮助企业提前发现生产中可能出现的问题,并通过移动商务平台实时通知相关干系人,从而提高产品质量和客户满意度。

(5) 环境监测与可持续制造模式

智能制造不仅仅追求生产效率和经济效益,它还强调生产过程中的环境监测和可持续性。移动商务信息服务平台可以集成智能制造系统中的环境监测数据,消费者可以轻松获取产品的碳足迹信息,作出更加环保的消费选择。这不仅增强了品牌形象,而且鼓励了整个产业链的绿色发展。

智能制造是推动移动商务信息服务模式创新的强大动力。它不仅为用户提供了更加个性化和高效的产品和服务,同时也为企业带来了更加灵活和智能的运营方式。随着技术的不断进步,未来智能制造与移动商务的结合将会带来更加深刻的变革。

7.5.3　智能制造生态系统的实施策略

为了有效地将移动电子商务平台与智能制造系统融合,可以按照以下五个核心策略来组织和实施。

(1) 数据共享和集成的实施

移动电子商务与智能制造的结合首先需要在数据共享和集成上取得突破。通过创建标准化的开放接口(APIs),可以促进双方系统之间的数据交换,从而确保信息在订单处理、库存管理、生产计划和物流跟踪等方面的实时同步和无缝流通。实现数据集成不仅提升效率,还能够减少错误率和提高响应速度,为后续的云边协同实施打下坚实基础。

(2) 云计算和边缘计算的运用

利用云计算平台可以加强生产与商务数据的处理能力,实现高效存储和实时分析。同时,边缘计算技术能够将数据处理部署在离数据源更近的地方,大幅减少信息传输延迟,确保移动电子商务与智能制造系统间的快速响应。这种结合不仅增强了系统的可伸缩性,而且在处理海量数据时更显效率和灵活性。

(3) 商业模式的创新与服务化

利用智能制造系统的灵活性,移动电子商务平台可以促进按需生产和个性化产品的定制。通过服务化(XaaS)模式,企业可以将产品作为服务提供,如将智能设备以租赁的方式交付消费者,并提供持续服务。这种商业模式的创新不仅符合现代消费者的需求,还创造出新的盈利模式和客户体验。

(4) 智能供应链的优化

把物联网技术与智能供应链结合起来,可以提供实时更新的库存和配送信息,让管理更加智能化。此外,运用预测分析工具,企业能够预见并回应移动电子商务带来的市场需求波动,从而优化库存管理和生产计划。

(5) 客户体验的增强与合规性保障

通过让用户在移动电子商务平台参与产品设计,不仅增加了个性化定制服务,还通过 AI 技术提供个性化推荐,增强了消费者的购买体验。同时,必须要在教育培训上下功夫,确保员工能够适应新技术带来的变化,并提高消费者对智能制造概念的理解和认知。最后,要与监管机构合作,推动和遵循行业标准,确保在实践中能遵守法律法规与安全标准。

通过上述五点策略的实施，移动电子商务与智能制造的集成将实现一个互为支撑的信息服务生态系统，推动双方向自动协同、高度定制化和互动发展的商务模式，不仅有助于优化生产流程，也可为用户提供极致的个性化服务体验。

7.6 数字孪生信息服务创新模式

7.6.1 数字孪生系统模型架构

数字孪生（Digital Twin）是一种数字化的模拟技术，它通过创建一个真实物理系统的虚拟副本（即孪生体），使得在数字空间中可以模拟、分析、预测和优化真实系统的性能。数字孪生技术在移动电子商务信息服务生态系统中的应用可以大幅提升商务资源管理的效率，减少运营成本，并优化资源配置。移动电子商务信息服务生态系统主要包括商品和服务的在线交易、顾客关系管理、供应链管理以及数据分析等环节，将数字孪生技术融入系统中可以实现智能化、自动化的服务交付和资源配置。

数字孪生在移动电子商务信息服务生态系统中的架构主要分为五部分：物理层、数据层、机理层、表现层和交互层。

（1）物理层

物理层涉及的是系统中的实体设备，比如物流中心、运输车辆、库存商品等实体资源。完美融合的第一步是在物理层对这些实体资源进行数字化，即通过传感器和其他检测设备收集它们的实时数据，这些数据将作为数字孪生模型的输入信息。

（2）数据层

数据层负责收集、存储和处理来自物理层的数据。在移动电子商务信息服务生态系统中，数据层可能涉及交易记录、用户行为、物流状态等数据，这一层的数据需要进行整合处理，以实现系统之间的数据互通。通过大数据技术和云平台可以实现数据的标准化、同步和协同工作,以实现数据共享和深入分析。

(3) 机理层

机理层包含了数字孪生的核心算法和模型,它依据物理规律和历史数据来构建虚拟系统模型。这些模型可以模拟移动电子商务信息服务生态系统的运营,预测系统行为,并实现场景仿真。在机理层,可以采用 AI 和机器学习算法来发现系统中的规律和趋势,运用在商品推荐、供应链管理、资源调度和优化方面。

(4) 表现层

表现层主要负责将机理层的计算结果和分析数据转化为用户可以理解和解释的形式。在这一层,可以开发可视化工具和仪表盘,为移动运营商提供实时的监控界面,展示能源使用情况、交易动态和物流信息。同时,这一层可以通过 VR/AR 技术为用户提供更直观的体验,比如在电商平台上用 AR 展示商品或在能源管理系统中以 VR 模拟设备操作。

(5) 交互层

交互层是用户与系统之间的接口。在这一层,可以开设智能客服和自动化服务来响应用户需求,同时提供 APIs 和 SDKs 以便第三方开发者和合作伙伴接入系统,而且交互层还需要确保数据和信息的安全性,通过采用先进的加密技术和严格的身份验证机制来保障用户信息和交易安全。

7.6.2 数字孪生信息服务生态系统

数字孪生的移动电子商务信息服务生态系统(见图 7-2)是与移动商务物理世界、网络虚拟空间——对应、相互映射、协同交互的复杂巨系统。创建一个数字孪生的移动电子商务信息服务生态系统是一个相当复杂的工程,它需要将实体的移动商务环境与数字世界连接起来,实现双向实时更新和交互。数字孪生技术可以创建一个实时的数字镜像,该镜像实时反映其物理对应物的状态,最终实现移动商务信息服务全要素数字化和虚拟化、全状态实时化和可视化,以及管理决策协同化和智能化。

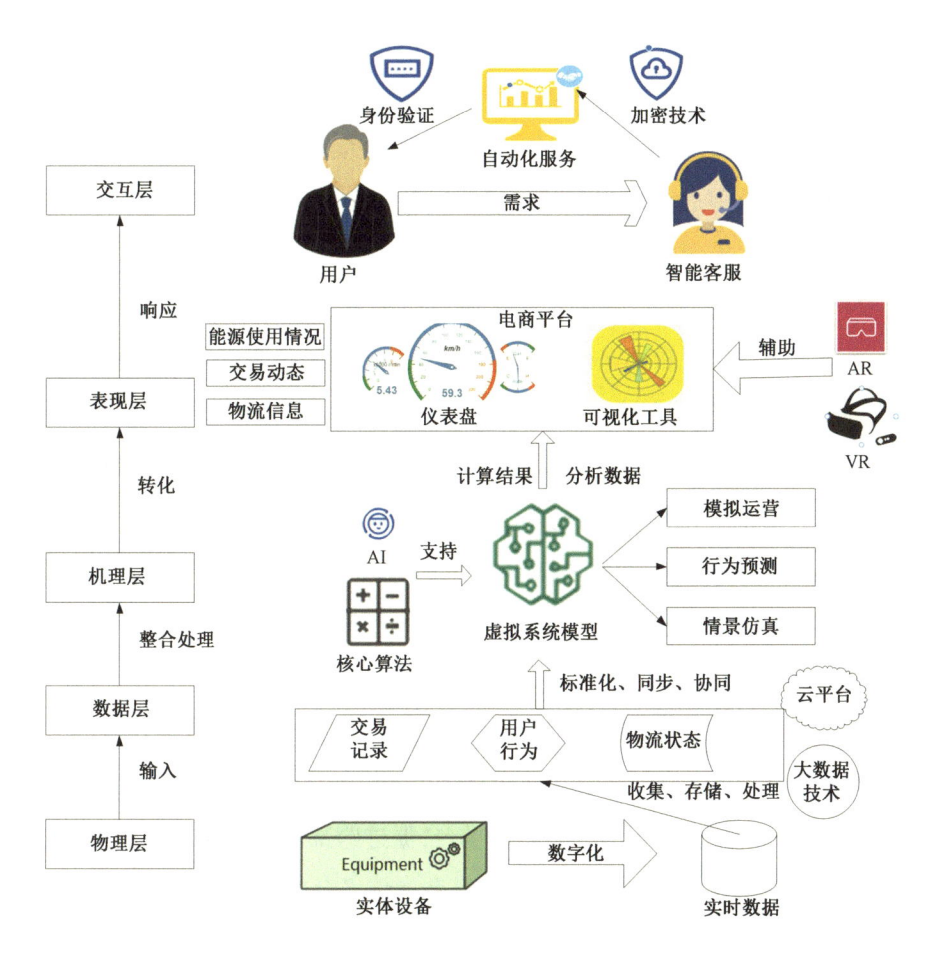

图 7-2 数字孪生移动电子商务信息服务生态系统

(1) 全要素的数字化和虚拟化

1) 数据采集与融合:首先需要采集移动商务活动中涉及的所有关键数据元素,包括客户行为数据、库存信息、物流数据、支付流程等。这要求部署大量的传感器、摄像头、RFID 标签、GPS 追踪和移动设备交互追踪工具。

2) 数据模型建立:将采集的数据整合进一套复杂的数据模型之中,其中必须涵盖所有商务流程、用户行为以及商品流转的逻辑。这涉及高级的建模技术,包括仿真、机器学习和 AI 的输入。

3) 虚拟环境构建:建立一个高保真度虚拟模拟环境,该环境可以在仿真

157

中不仅呈现实体交易和流程,还能模拟潜在的问题或市场变化对业务的影响。

(2) 全状态的实时化和可视化

1) 实时数据流与处理:确保所有数据流都在实时捕捉和上传到云端或分布式服务器系统中进行即时分析。使用大数据分析和即时处理将持续推送更新至数字孪生模型。

2) 动态可视化平台:创建全面的、交互式的可视化界面,使管理者能够实时查看所有业务流程和顾客行为的状态。这可以包括仪表盘展示、3D 建模展示、热力图和地理信息系统(GIS)集成。

3) 可视化分析工具:除了基本的可视化外,提供深入的分析工具以便管理者能够对商务流程进行透彻分析,识别趋势和异常。

(3) 管理决策的协同化和智能化

1) 预测模型集成:通过集成预测模型,可以预先判断市场走向和客户行为,使得决策过程更具前瞻性,应变能力更强。

2) 自动化工作流程:设计和实施自动化工作流程以优化常规任务,减少错误并释放管理人员用于更高层次决策的资源。

3) 协作平台:构建一个内部协作平台,促进跨部门和团队间沟通和信息共享。使用项目管理软件、团队协作工具和通信平台保持团队协调一致。

4) 智能决策支持系统:开发一个基于 AI 的智能决策支持系统,这可以分析复杂的数据集,为管理者提供行动建议和机会预测。

在移动电子商务系统中引入数字孪生体意味着创建一个可以模拟贸易流程、客户行为、市场动态等的虚拟平台。数字孪生与移动电子商务信息服务生态系统的融合要求从物理设备到用户交互的每个层面都高度集成和协同运作,以提升效率和用户体验。数字孪生作为桥梁,不仅可以提高管理和运营的智能化程度,还能够确保数据的实时准确反馈和高效处理。

7.6.3 数字孪生信息服务创新模式

数字孪生技术是创建一个实体或系统的虚拟数字副本,并通过数据和分析在实时模拟、预测性维护和决策支持方面实现更好的洞察和控制。随着研发进展、技术完善、相关法规的出台,数字孪生在移动电子商务领域的应用将逐渐深入,推动行业向更高效、可持续和智能化方向发展。越复杂的系统越适合使用数字孪生技术进行管理。在移动电子商务信息服务生态系统中,数字孪生技术可以在多个方面发挥作用以帮助移动商务决策顺利执行。创新服务模式体现在以下几个方面:

1)用户行为建模:通过对用户行为和偏好进行实时跟踪和模拟,数字孪生可以为个性化推荐和服务提供支持,从而提高用户满意度和客户保留率。

2)供应链管理:构建供应链的数字孪生模型,能够实时监控库存、订单状态和物流流程,提前预测需求波动和潜在的供应瓶颈,从而实现更有效的库存和送料策略。

3)风险评估与管理:通过建立安全协议、金融交易和用户数据互动的数字孪生,可以实现对潜在风险的早期发现和响应,保障平台的安全与信任。

4)性能监测:搭建移动电子商务平台的数字孪生模型,可以实时监测系统性能,如服务器负载、网络延迟等,确保平台的高效和稳定运营。

5)营销优化:借助数字孪生技术,可以模拟不同的市场营销策略并预测其效果,从而帮助决策者选择最佳的广告投放、定价策略和促销活动。

6)产品开发与迭代:在虚拟环境中模拟新服务或产品的推出,分析用户反馈和接受度,使得产品开发和迭代更加符合市场需求。

7)客户支持与互动:使用数字孪生创建客户服务场景的模拟,训练客服人员应对不同的服务情境,提高问题解决效率和客户满意度。

在实际应用中,数字孪生需要依赖大量的数据,如用户交互数据、交易记录、产品信息、物流信息等,并结合先进的数据分析工具和模拟算法。随着物联网和云计算等技术的不断发展,数字孪生在移动电子商务领域的应用将变得更加广泛和深入,实现移动电子商务信息服务生态系统和数字孪生体之间的信息共享、共同进化的孪生共智状态。

7.6.4 数字孪生信息服务实施策略

数字孪生体是一种虚拟模型,它是真实世界实体或系统的精确数字副本,能够实时更新、模拟和分析其物理对应物的状态和行为。要实现数字孪生的移动商务信息服务模式,不仅需要融合多种前沿科技,还需要复杂的策略、规划和长期的支持。

(1) 案例研究和测试

在正式部署之前,进行案例研究和系统测试是不可或缺的,包括:①模拟测试。在安全的环境中模拟不同场景,观察移动电子商务生态系统和数字孪生体之间的交互。②用户测试。通过邀请真实用户参与测试,收集反馈和优化建议。

(2) 信息共享框架构建

要实现信息共享,需要设计一个框架以连接现实世界的移动电子商务系统和其数字孪生体。这个框架通常包括:①数据收集机制。实现从移动电子商务平台上的用户互动、交易记录、浏览历史等各种渠道收集数据。②数据处理和分析。使用大数据技术、数据挖掘和机器学习算法来处理和分析收集到的数据,以识别模式和趋势。③实时同步机制。确保收集和处理的数据能够实时传递给数字孪生体,以便于及时调整和优化。④反馈和优化系统。从数字孪生体中获取模拟结果和预测,再将这些信息传递回现实的移动电子商务环境,以实现优化。

(3) 双向信息流的配置

为了确保移动电子商务信息服务生态系统和数字孪生体可以互相学习并共同进化,需要构建一个可以双向流动的信息系统,包括:①向数字孪生体传递信息流。创建 API 接口或中间件以安全可靠地将实时数据送入数字孪生体系统。②从数字孪生体回传信息流。设置反向反馈通道,使得数字孪生体的洞察和建议能够回传给移动电子商务系统。

(4) 实时数据处理与反馈回路

为了实现孪生共智状态,实时数据的实时处理是关键。这需要:①高速数据流传输。利用云计算和边缘计算技术确保数据流的速度和效率。②实时数据分析。部署流数据处理和复杂事件处理(CEP)技术对实时数据进行分析。③自动化反馈回路。根据分析结果,自动化地调整移动电子商务系统的运作,如更改推荐算法、调整库存管理等。

(5) 共同进化机制的设计

共同进化需要设定生态系统和数字孪生体之间相互影响、相互改进的机制,其中包括:①适应性学习。系统不只是响应当前数据,还应能通过机器学习自我优化以适应未来趋势。②持续的迭代和更新。数字孪生体的模型需要不断更新以反映现实环境的变化。③用户反馈集成。将用户反馈整合到学习过程中,以提升客户体验和服务质量。

实现移动电子商务信息服务生态系统和数字孪生体之间的孪生共智状态,需要通过跨学科的合作,更新迭代技术手段,并围绕用户体验不断优化,才能够真正实现一个互联、高效、智能的移动电子商务信息服务生态系统的未来愿景。

7.7 本章小结

本章分别阐述了物联网促进移动商务信息服务模式创新,主要包括智慧城市和智慧旅游建设的信息服务创新,构建了智慧旅游信息服务生态系统,阐述了系统的构成要素及要素关系,构建结构模型,对智慧旅游信息服务生态系统生态性建设进行了评价。论述了人工智能技术促进移动商务信息服务模式创新,智能制造促进移动商务信息服务模式创新,数字孪生信息服务创新模式等。

第8章 区块链与加密数字货币的信息服务创新模式

8.1 区块链的基本理论

8.1.1 区块链的基本概念

区块链(Blockchain)是一个去中心化的、安全可信赖的、不可篡改的分布式数据库技术。其最核心的特点是利用密码学原理及分布式共识算法确保数据的完整性、安全性及不可篡改性,实现信息透明、信任共享、降低成本、提高效率这一目的[179]。区块链是一种分布式数据存储技术,以其去中心化、不可篡改、安全可靠等特点在金融、物流、政务等领域得到广泛应用。区块链与5G通信技术的结合能够实现可信的交易和数据存储。区块链作为一种去中心化的分布式账本技术,可以实现交易的真实性和可追溯性,保证交易的安全和可信。而5G通信技术提供了高速、低延迟的通信特性,为区块链网络的搭建和交易的验证提供了必要的网络环境。通过区块链与5G通信的结合,可以实现移动电子商务交易的安全可信,为用户提供更加安全的电子商务环境。

尽管该技术启动较晚,需要大量的研究和投资,但区块链技术具有的特性使得其在社交商务、移动支付和可信数据管理的应用等方面具有广泛发展前景。移动电子商务领域中区块链技术的应用可以为提高移动电子商务的效率和数据安全性提供支持,研究区块链技术在移动电子商务中的应用具有重要的理论和实践意义。

8.1.2 区块链的构成要素

1）区块：区块链指的是由一系列区块按照一定顺序链接而成的链式结构。每个区块内部包含了一定数量的交易记录或数据信息，是区块链存储数据的基本单位。

2）链接：为确保区块链的不可篡改性与顺序性，每个区块头部都包含上一个区块的哈希值，从而形成一个链式结构。一旦其中某区块的信息发生篡改，该区块及其后续所有区块的哈希值均需要重新被计算，从而提高数据篡改的难度。

3）分布式存储：区块链通过分布式节点存储，将完整的交易数据副本分散在区块链网络中的每个参与节点，实现数据去中心化，确保数据的安全性、完整性、透明性。

4）共识机制：共识机制是区块链网络维持一致性的核心原则，决定着区块链中新增区块的生成及交易确认等关键环节。

5）密码学保障：区块链技术中运用了一系列密码学算法，包括非对称加密、哈希算法、数字签名等，以保证数据的安全性、完整性、不可篡改性以及隐私保护。

8.1.3 区块链的工作原理

区块链的工作原理如下：

1）交易发起：当用户需要在区块链上进行交易或操作时，首先创建一个交易请求并对其进行数字签名，以确保交易的合法性和非抵赖性。

2）交易广播：发起者将签名交易广播到区块链网络中，收到广播的全节点将对交易进行验证。验证主要包括检查数字签名、交易内容以及双花等相应逻辑。

3）交易验证：全节点根据共识机制对交易进行确认。例如，主流数字货币比特币采用的 PoW 共识机制要求矿工进行大量的计算工作，找到符合条件的哈希值。其他共识机制则有其特定的确认规则。

4) 区块生成:当交易被网络节点确认后,将根据共识机制确定新增的区块,并把这些已确认的交易连同其他元信息一起组成新的区块,加入到区块链中。

5) 区块链接:新生成的区块将包含上一个区块的哈希值,从而确保整个区块链的顺序性及不可篡改性。

通过以上步骤,区块链实现了数据的分布式存储、信息透明度、防篡改和信任共享的基本原理,为各类应用场景提供了技术支持。

8.1.4 区块链的核心特点

区块链的核心特点将为商政融合领域带来革命性的变化,提升其效率和公平性,促进行业上下游的协同合作,有效降低信任成本,提高数据可控性和安全性[180]。

(1) 去中心化

区块链技术通过分布式存储和共识机制,在网络中的各个节点共同参与数据验证与存储。相较于传统的中心化存储与管理,去中心化降低了单点故障的风险,实现了参与者权益的均衡分布。移动电子商务中由于互联网技术、移动设备和传感器网络日益普及,用户数据的保护变得愈加重要。区块链作为一个去中心化的可信环境,可有效避免中心化媒介成为攻击的目标并确保用户数据不被泄露。

在商政融合过程中,去中心化的特点有助于提高行业效率,降低管理成本,减少中间环节,提高数据透明度,有利于建立信任和公平的竞争环境。例如在供应链金融中,去中心化的特点能降低企业在跨区域合作过程中的信息不对称风险,实现更高效的资金、信息流转;在公共服务中,去中心化有助于降低政府的管理成本,实现对行业数据的共享,方便监管机构及时了解市场动向;对个人而言,去中心化有利于提高人们对个人隐私的保护程度。

(2) 安全可靠

区块链通过密码学技术确保了数据传输的安全性和不可篡改性,加密算法和数字签名技术保障了数据的完整性与交易的可靠性。

在商政融合领域,安全可靠的特点为各行各业带来了更高层次的信任与协作。例如,在跨境支付中,可靠性保证了各币种交割的准确性,提高了国际贸易的可靠性与合规性;在数字身份认证中,安全可靠的特点可以确保用户身份信息不被泄露、伪造,降低了线上交易的风险;而在政务领域,政府部门可利用加密技术实现数据的安全存储与传输,有效防范信息泄露、篡改等恶性事件。

(3) 透明可追溯

区块链技术可以实现数据的完全公开,用户可以随时查看到链上的所有交易记录。新加入的数据经过共识机制,确保了链上交易记录的唯一性和顺序性。透明可追溯的特点对商政融合的实现作用主要体现在增强数据的监管与审计能力。例如,在食品安全领域,通过将生产、销售、运输等环节的数据上链形成一个区块链溯源系统,可随时追踪食品质量问题的来源;在企业间的合作中,透明可追溯的特点有助于提高商务合同的履行度,降低合作风险;而在政务服务领域,政策执行者可以借助链上的透明数据,加强对各类行业数据的监管力度。

借助区块链技术,可以实现商品真实性验证、防止假冒伪劣商品、提高交易效率等。此外,利用智能合约可以实现自动执行的商业协议和自动结算,大大地降低了交易成本。此外,区块链可以作为一种支付方式,让电商可以接受不同类型的加密货币。与此同时,电子政务可以利用区块链为公民和组织提供更高效、更透明的公共服务,它可以帮政府减少中间过程、防止信息造假和降低行政成本。比如,房地产注册、证件发放等行政过程可以通过区块链实现,公民只需要一个电子钱包就能完成这些行政手续。政府可以利用区块链进行公共资源的分配,保证公平公正。

8.2 区块链的应用场景

区块链技术具有非篡改、透明公开、去中心化等特性,因此被广泛应用于数字身份认证、数字资产管理、供应链管理等多个领域。

8.2.1 数字身份认证

区块链技术可以为用户提供去中心化、安全、可靠的身份认证服务,通过将身份信息上链,实现身份信息的安全存储和跨境互认,从而降低电子商务和电子政务中的身份认证成本,提高服务体验。区块链技术在电子商务和电子政务中非常重要,可以将用户的身份信息和认证记录保存在分布式的节点中,确保用户的身份数据不被篡改或伪造。每个用户都可以拥有自己的唯一身份标识,通过私钥和公钥的加密机制,确保身份安全性和隐私性。同时,区块链上的认证记录可以被追踪,提高了交易的可信度和透明度。

区块链技术可以有效完成数字身份认证工作,特别是在个人隐私保护方面有其独特优势。传统的身份验证方式,用户需要在多个服务平台上重复注册和验证,不仅存在个人隐私泄露风险,而且用户体验较差。应用区块链技术后,可以创建一个统一且安全的身份认证系统。经过一次身份认证,用户就可以在所有接入该系统的服务平台上实现身份认证,而且用户的身份信息被加密和分布式存储,保证了个人隐私安全。

8.2.2 数字资产管理

在电子商务和电子政务中,数字资产管理涉及货币、虚拟资产、版权、证券等各种形式的数字资产。传统的数字资产管理往往需要通过中心化的第三方机构进行验证和交易的监管,但区块链技术的出现使得数字资产的管理更加去中心化、高效和安全。通过使用智能合约,可以创建一个自动透明和可编程的数字资产管理系统。资产的所有权和交易记录被保存在区块链上,任何人都可以查询和验证。同时,区块链技术还可以防止盗版、伪造和篡改数字资产,保护版权和知识产权的合法权益。

区块链技术能够创建一个不可篡改和透明的账本,所有的交易记录都可以在区块链上进行追踪,极大地提高了资产管理的效率和准确性。区块链可以用于代币的发行和交易,比如 ICO(首次代币发行)和 NFT(非同质化代币)。此外,借助于智能合约技术,可以实现数字资产的自动化管理和交易,大大地降低操作成本。

8.2.3 供应链管理

区块链技术可以实现供应链全程的可追溯、可监管,提高供应链透明度,保障产品质量与安全,降低电子商务和电子政务中的供应链风险。供应链管理是电子商务和电子政务中一个重要的环节,涉及货物的生产、运输、分销和售后等各个环节。区块链技术提供了分布式共享账本的特性,在供应链管理中具有很大的潜力。区块链技术可以用于改善移动电子商务供应链管理,包括物流追踪、记录和管理运营过程中发生的所有事件,有利于实现数据共享和跟踪,同时也有利于管理者对全球供应链下游的严格监管。通过区块链技术的管理方式,具有透明度高、操作性便捷等优势,有助于促进供应链的协作和管控效率的提升,提高供应链框架的整体价值和客户满意度。通过使用智能合约和区块链,可以实现供应链管理的高透明度、高可信度和高效性,确保所有参与方的权益和利益得到保护。通过区块链技术,可以追踪产品来源和流转路径,确保产品的质量和安全。同时,区块链技术还可以实现供应链金融的创新,提供可靠的交易融资和信用背书。

区块链在供应链管理中的应用,可以提高供应链的透明度和效率。供应链中的每个环节(如原材料采购、生产、储藏、运输、销售等)都可以被记录在区块链上,形成一个不能被篡改且公开透明的信息链条。消费者可以查询到商品从产地到餐桌的所有信息,提高了对商品的信任度。此外,借助区块链,可以实现供应链中货款和货物的同步交付,增加了供应链效率。

8.2.4 支付和结算

区块链技术在消费者支付、结算和退款过程等方面也有着广阔的应用前景。区块链技术可以减少金融交易的复杂性和不确定性,实现即时结算、高效支付和防止欺诈等功能。移动电子商务是一个全球化的行业,无法在各国之间有效地完成跨境支付,区块链技术的引入可以消除支付风险,提升支付可靠性。这些支付方案可以基于智能合约操作,使得交易流程更加透明和高效,并受到公众的信任和支持。

8.2.5 智能合约

区块链技术可以通过智能合约实现自动化、无人化的业务流程,如自动执行合同条款、自动清算交易等,降低电子商务和电子政务中的交易成本和监管成本。智能合约可以被视为一个自动化、不可篡改的程序,这使得它成为实现分散决策和信息透明度的有效工具。区块链技术可以通过智能合约,在移动电子商务领域实现的自动化、高效率和优质服务,用于自动运行移动电子商务平台各个模块如交易订单、支付和结算,以及价格的动态调整和商品交割等方面。这些极度智能的合约可以根据事项的发展和新的数据生成并自动调整其条款和条件,无须人工干预,最终确保双方的利益和需求得到充分保障。

8.2.6 数据共享与交换

区块链技术可以通过建立去中心化、安全、可靠的数据共享平台,实现政府与企业、企业与企业之间的数据共享与交换,简化数据流通的流程,提高数据传输的效率,有助于推动电子商务和电子政务的融合。

8.2.7 跨境支付与结算

区块链技术可以实现跨境支付与结算的实时、安全、高效,降低跨境电商和电子政务中的支付成本和风险,促进国际贸易的发展。

区块链技术在数字身份认证、数字资产管理和供应链管理等各种应用场景中,为电子商务和电子政务的发展提供了强大的支持。它通过去中心化、不可篡改、可追溯等特性,增强了交易的安全性、可信度和透明度。区块链技术的应用还有很大的潜力,它可以改变传统的商业和政府模式,促进经济的发展和社会的进步。然而,区块链技术也还面临着技术难题、法律法规、隐私保护等方面的挑战,需要进一步研究和探索。区块链技术在电子商务和电子政务领域的融合应用可以带来诸多优势,推动政务服务和商务活动的便捷化、高效化和智能化。

8.3 区块链赋能的移动支付系统

基于区块链的移动支付系统构建涉及多个环节,包括区块链平台选择、用户身份认证、钱包创建和管理、支付处理、智能合约以及安全保障等。

8.3.1 系统构建步骤

(1) 选择区块链平台

构建基于区块链的移动支付系统首先需要确定合适的区块链平台。公有链(如比特币、以太坊)适合那些需要高度透明和去中心化的场景,但可能在交易速度和手续费上存在不足。而联盟链和私有链(如 Hyperledger Fabric, R3 Corda)则提供了更好的隐私保护、性能和可控的操作环境,更适合商业环境中的移动支付解决方案。

(2) 用户身份认证

区块链技术可以结合数字身份和加密技术,为移动用户提供便捷而安全的身份验证。采用去中心化身份认证(DID)可以使得用户掌控自己的身份信息,并仅向支付服务提供必要的认证信息。用户可以通过多重认证(例如生物识别、手机 OTP、密码等)来进一步提高安全性。

(3) 数字钱包创建和管理

用户需要创建一个数字钱包来存储和管理其区块链资产。创建钱包过程中,用户将获得一对私钥和公钥。私钥是用户进行交易签名的秘密凭证,必须妥善保管;而公钥则作为接收资产的地址使用,可以公开分享展示给他人。

用户可以通过将区块链资产转入钱包来充值,可以用这些资产进行交易或存储。同样,用户也可以将资产从钱包中提现,将其转回到区块链网络。另外,为了确保钱包的安全,用户还应采取额外的安全措施,例如设置强密码、启用双因素认证、定期备份和更新钱包软件等。

(4)交易签名和验证

在进行交易时,用户需要使用其私钥对交易进行签名,以证明其拥有对交易的合法权利。这些签名过的交易需要被其他用户(如矿工)进行验证,以确保交易的有效性和合法性。

(5)利用智能合约进行支付处理

移动支付流程可以通过智能合约来实现。智能合约可以在区块链上执行支付指令,并确保交易的正确性和可靠性。用户可以通过输入支付信息和金额来触发智能合约的执行,然后由区块链网络对交易进行验证和记录。移动支付系统中的智能合约可以用于管理移动支付过程中的各种规则和条件,确保移动支付只在特定条件下触发,如货物交付确认或服务完成确认。还可以提供更高的交易透明度,确保移动支付过程的可追溯性和公正性。

(6)安全保障和隐私保护

基于区块链的移动支付系统需要确保安全和防范潜在的风险,确保用户资产的安全和隐私。这可以采用多层次的安全措施,包括网络安全、加密算法、防止篡改和防御攻击等,以防止黑客攻击和保护用户私钥不被泄露。此外,还可以通过采取传输加密(如TLS)、数据库加密、定期的代码审计和风险评估等措施来保持系统的安全性,并根据需要及时更新安全措施。同时,系统还需要提供一定的隐私保护,例如,通过使用匿名交易或零知识证明等技术来保护用户的身份和交易信息。

(7)用户体验和可访问性

为了吸引更广泛的用户,基于区块链的移动支付系统需要提供良好的用户体验和可访问性,这包括易于使用的界面、友好的用户支持和跨平台兼容性等,还需要提供多语言支持和可访问性选项,以满足不同用户的需求。

(8) 合规性检查和监管要求

随着区块链技术的普及和应用,移动支付系统需要遵守各种合规性和监管要求,包括了解客户(KYC)和反洗钱(AML)规定、遵守税收法规以及符合任何地方适用的其他法规,防止欺诈和洗钱活动。

综上,基于区块链的移动支付系统可以提供更安全、透明和高效的支付解决方案,通过选择合适的区块链平台、进行用户身份认证、安全地创建和管理钱包、交易签名和验证、实现智能合约支付处理以及强化安全保障和隐私保护等,可以建立一个可信赖的移动支付生态系统,这将为用户提供更好的支付体验,并促进移动支付的广泛应用。

8.3.2 数字货币在系统中的作用

当用户参与移动电子商务活动时,系统会收集大量的用户个人信息,包括购物习惯、位置信息、支付信息等。若这些信息未经适当管理,有可能被不当利用,因此保护用户数据隐私极为重要。数字加密货币在移动电子商务信息服务生态系统中扮演着重要的角色,特别是在保护用户隐私和数据安全方面。数字货币如比特币等基于区块链技术,这种分布式账本技术能够提供去中心化、不可篡改和透明的交易记录。数字货币在移动支付过程中保护用户隐私和数据安全方面的关键性作用如下:

(1) 匿名或伪匿名交易

数字货币系统通常允许用户进行相对匿名的交易。虽然交易会被记录到区块链上,但这些交易是通过加密地址而非个人识别信息进行关联的。这意味着用户的个人数据和身份信息不需要和交易直接关联,从而保护了用户的隐私。

(2) 减少数据泄露风险

在传统的移动电子商务交易中,用户需要提供信用卡信息、地址、电话号码等敏感信息,这些信息存储在商家或支付处理中心的服务器上,一旦服务器遭受黑客攻击,用户的个人信息可能被盗用。而数字货币交易不需要这些详细信息,故降低了数据泄露的风险。

(3) 去中心化的交易

数字货币的去中心化特性意味着没有中央权威机构存储和管理用户的资金和个人信息。各个节点都有区块链的完整副本,这不仅增加了冗余,降低了单点故障的概率,也使得黑客很难攻击整个网络。

(4) 强化数据完整性

区块链技术确保了一旦交易被添加到链上,它就几乎不可能被修改或删除。每个区块都通过加密算法与前一个区块链接,修改历史记录需要重新计算所有后续区块的工作。因此,用户可以信赖交易记录的真实性。

(5) 授权与控制

数字货币通常通过私钥来控制资金访问。私钥确保只有具有相应密钥的用户才能访问资金。不同于传统的银行账户和信用卡,私钥的管理完全在用户手中,给用户带来更大的控制权和安全性。

(6) 智能合约

某些数字货币(如以太坊)支持智能合约,智能合约是运行在区块链上的自执行合同,在提高交易的自动化和减少不必要的中介时,可以确保用户协议得到遵守,同时保护用户的隐私信息不被泄露。

(7) 抵抗审查

数字货币天然具有抵抗审查的能力,即使在政府或第三方机构干涉的环境下,用户仍然可以执行交易,而不会泄露个人信息。

(8) 流程透明化和审计

数字货币的所有交易都被记录在公共区块链上,任何人都可以验证交易的有效性。这种透明化能够提供强大的审计能力,帮助检测和预防欺诈行为。

数字加密货币利用区块链技术提供了一系列的功能来保护用户的隐私和数据安全,从匿名交易到强化数据完整性,从去中心化存储到用户授权控制,以及抵抗审查和透明化流程,都展现出数字货币在移动电子商务中保护用户隐私和安全方面的重要性。然而,尽管数字货币在提高隐私保护和安全方面具有许多优势,但它们也面临着法规制约、市场波动性、技术门槛和潜在的安全问题等挑战。这些挑战需要行业各方共同努力,提供清晰的监管框架,完善技术基础设施,并加强普及教育,以充分发挥数字货币在移动电子商务中的潜力。

8.4 NFT 信息服务创新模式

8.4.1 非同质化代币(NFT)

非同质化代币(NFT)是区块链技术的一项创新应用,它提供了一种全新的资产认证和交易方式。NFT 可以代表任何独特的事物,包括艺术品、收藏品,甚至是数字身份和资产所有权。在移动商务信息服务模式中,NFT 的出现正在推动商业模式的变革,提供更加可靠和有效的交易方式[181]。NFT 具有不可替代性、独一无二、可追溯和透明等特点。与传统数字资产不同,NFT 具有唯一的身份验证机制,每一个 NFT 都可以通过区块链技术来证明其所有权和真实性,这种特殊的属性使得 NFT 非常适合在移动商务环境中使用。

8.4.2 非同质化代币(NFT)具备的功能

(1) 数字收藏品的交易和验证

NFT 为移动商务中的数字收藏品交易提供了一种全新的证明机制。数字艺术品、游戏内物品或其他虚拟商品可以作为 NFT 发行和交易,确保了它们的唯一性和所有权的不可争议性。这大大增加了这些商品的收藏价值和市场流通性[182]。

(2) 版权管理与收益分配

对于创作者来说,通过 NFT 技术,他们可以更容易地管理自己的知识产权和收益分配。每次 NFT 的转手交易都可以被记录下来,并且可以设定版税机制,确保创作者能从其作品产生的每一次交易中获得收入。

(3) 身份验证和数据安全

利用 NFT 可以构建更安全的在线身份认证系统。在移动商务信息服中,用户的数字身份可以通过NFT加密,从而提高交易安全性和数据私密性。同时,它也减少了诈骗和身份盗窃的风险。

(4) 资产所有权的转移与记录

NFT使得资产所有权的转移更加透明和高效。在房地产、版权等领域,通过将资产转化为NFT,实现快速和简便的所有权转换,并且在区块链上留下无法篡改的记录。

(5) 去中心化的市场

NFT创造了去中心化市场的可能,使得买卖双方可以直接交易,无须传统的中介机构参与。这样不仅减少了交易成本,也提高了市场效率。

(6) 游戏和应用程序内的交易

在移动游戏和其他应用程序中,NFT可以用来代表各种虚拟商品,促进跨游戏甚至跨平台的物品交易,为开发者和用户提供了更多的创新可能性。

(7) 物联网与NFT结合的潜能

结合物联网技术,NFT可以表示真实世界的独一无二的物品或设备。通过NFT实现设备的认证和跟踪,构建安全、智能的物联网生态系统。

8.4.3　NFT在移动商务中的创新模式

NFT在移动电子商务信息服务中的创新模式主要体现在以下方面:

(1) 新的商业模式

NFT为产品和服务的所有权、访问权提供了新的定义。许多企业正在探索利用NFT来提供订阅服务、会员权益等,开启了商业模式的新篇章。

(2) 消费者体验的改进

NFT为消费者提供了独特且个性化的体验。消费者不再是单纯购买商品,而是获得了与商品相关的独一无二的故事和背景。

(3) 创新的营销策略

品牌可以通过发行限量版NFT来进行市场营销和增加用户参与度。这种方式不仅激发了消费者的收藏欲望,还有助于提高品牌的知名度和忠诚度。

(4) 透明且可验证的供应链

NFT可以用来追踪产品从生产到消费的整个供应链。这使得供应链变得更加透明和可靠，消费者能够验证产品的真实来源和品质。

(5) 投资与融资的新路径

项目发起者可以通过发行NFT筹集资金，并将NFT持有者作为项目的早期支持者。同时，NFT本身有望成为一种新的投资渠道，提供可观的长期回报。

NFT作为一种基于区块链技术的创新工具，在移动商务信息服务模式中扮演着至关重要的角色。它不仅提升了数字资产的价值和流通，还重新定义了用户体验、版权保护及商业模式。随着技术的成熟和应用场景的扩展，可以预见NFT将在未来的移动商务中起到越来越重要的作用。不过，这也需要业界解决NFT交易的法律问题、环境影响问题以及其他潜在的风险问题，确保这项技术的健康可持续发展。

云计算、边缘计算、区块链、大数据等技术与5G通信技术的结合，具有良好的协同效应，能够为移动电子商务信息服务生态系统的良性发展提供强大支持。这些技术结合成功的关键在于密切关注市场变化、持续迭代和优化产品以及对用户需求的敏锐感知，需要跨部门的协作和明确的沟通机制。一个具有深度学习能力的数字生态系统能够为移动商务企业带来竞争优势，为移动电子商务带来更高的效率、更好的用户体验和更大的商业机遇。

8.5 本章小结

本章主要阐述了区块链的构成要素、工作原理、核心特点、应用场景等。在理论分析的基础上，构建了基于区块链技术的移动支付系统，根据非同质化代币（NFT）具备的功能，提出了未来NFT在移动商务信息服务方面的创新模式。

第9章 移动电子商务信息服务高质量发展的提升策略

9.1 信息服务环境优化策略

9.1.1 加强移动网络技术创新

(1) 推动人工智能应用

人工智能技术的发展已经深入到各行各业,移动电子商务信息服务也是如此。推动人工智能在移动电子商务信息服务中的应用是实现高质量发展的关键。通过人工智能技术,可以提供更加个性化和智能化的服务,优化用户体验,提高运营效率。例如,利用人工智能的推荐算法,可以根据用户的兴趣和行为为其推荐相关产品,提升购物体验;通过智能客服和虚拟助手,可以提供更加便捷和高效的服务支持,解决用户问题;同时,人工智能还可以应用于安全与风险控制、用户体验优化、智能营销等方面,全方位提升移动电子商务信息服务的质量和效果。因此,推动人工智能在移动电子商务信息服务中的应用是实现高质量发展的重要途径之一。应加大人工智能技术的研发投入,鼓励移动电子商务信息服务企业与科研机构、高校等合作进行技术研发和创新。尤其是在自然语言处理、图像识别、机器学习和深度学习等领域,不断提升人工智能算法和模型的准确性和效率。

(2) 发展区块链技术

区块链技术是一种分布式的信任机制,可以实现信息的去中心化存储和交易,有助于提高交易的安全性和透明度。区块链技术的价值在于其去中心化和可信性,因此建立一个多方参与的区块链生态系统非常重要。在移动电子商务中,不同的参与者包括消费者、商家、物流公司等可以共同参与到区块链生态系统中,实现信息共享、协同作业和交易信任。虽然区块链技术有很多应用场景,但是其技术门槛较高,不同行业和企业之间的研发和应用难度也不同。因此,需要加强区块链技术的普及和培训,同时针对移动电子商务的特点和需求,提高区块链技术的适用性和便捷性。区块链技术和人工智能、大数据等领域的融合可以带来更多的应用场景和商业模式,同时有助于提高区块链技术的效率和安全性。在移动电子商务中,这种融合可以为消费者提供更智能化和个性化的服务,同时也有利于打击虚假交易、欺诈和知识产权侵权等问题。

(3) 加强移动支付和安全技术创新

移动支付和安全技术的创新是促进移动电子商务信息服务高质量发展的关键要素。在当前移动互联网时代,为了满足用户对便捷、安全支付的需求,我们需要加强移动支付和安全技术的研发与应用。首先,可以推动移动支付技术的发展,并引入新的支付方式和技术。例如,二维码支付已经在市场上得到广泛应用,用户只需通过扫描二维码即可完成支付,极大地提升了支付的便利性。同时,手机支付、指纹支付等也是当前流行的移动支付方式,可以进一步增加移动支付的选择性。其次,加强移动支付安全技术的创新也是十分重要的。我们应当持续进行安全技术的研发和创新。例如,推广使用生物识别技术,如人脸识别、指纹识别等,来进行身份验证,提高支付的安全性。通过建立多层次的身份验证体系和风险评估模型,我们可以有效预防欺诈和非法交易的发生,保障用户的资金安全。

9.1.2 加强数据安全和隐私保护

安全性是电子商务中不可忽视的重要因素,5G网络必须确保强大的加密技术和隐私保护措施,以保证用户数据的安全。随着电子支付在交易中的普及,需要建立更为严密的安全验证机制,保障交易过程中的金融安全。由于

5G网络能够传输更多的个人数据,加强数据安全和保护用户隐私变得尤为重要,需要实施端到端加密技术,并确保所有的交易和用户数据传输都符合最新的安全标准。

(1) 实施端到端加密技术

5G网络的高速度、低延迟的特点使得数据可以更迅速地在用户和服务提供者之间传输。电子商务作为信息技术与金融服务的交集领域,正成为5G技术发展的主力军之一。然而这种高速传输能力也带来了前所未有的数据安全与隐私保护挑战。为了应对这些挑战,需要采取先进的保护措施,其中端到端加密技术(E2EE)成为关键的技术之一。端到端加密是一种通信加密方法,确保只有通信的两端——发起者和预期的接收者——能够阅读和处理数据。在该技术的支持下,即使数据在传输过程中被截获,第三方也无法解密并获知其内容。对于电子商务来说,这意味着消费者的支付信息、个人信息和购买历史等敏感数据能够得到保护,防止被非法窃取或篡改。

(2) 数据传输安全标准符合最新的安全规范

加强数据安全还需保证所有交易和用户数据传输的安全标准符合最新的安全规范。例如,支付卡行业数据安全标准(PCI DSS)为保护支付卡信息提供了全球认可的安全措施。遵循这些标准,电子商务平台需要确保其系统的安全,限制对敏感数据的访问,并定期监控和测试安全性。5G网络应支持这些标准,并能为实时交易的安全提供必要的保障措施。然而,仅仅实施端到端加密技术和遵循安全标准并不足以完全保证数据安全和隐私,随着网络攻击手段的不断升级,5G电子商务平台也必须持续更新其安全策略,以对抗日益复杂的威胁。这包括利用人工智能和机器学习技术来检测和响应安全事件,以及实施多因素身份验证来加强用户身份的验证流程。多因素身份验证(MFA)要求用户提供多个验证因素,这通常包括知识因素(如密码)、拥有因素(如手机或硬件令牌)和生物特征因素(如指纹或面部识别)。通过结合这些不同类型的验证方法,即使其中一个因素被破解,黑客也无法轻易取得账户的完全访问权限。

(3)增加透明度和用户控制

此外,在隐私保护方面确保用户的个人隐私不受侵犯同样重要。除了加密和安全措施,还应增加透明度和用户控制。企业应该清楚地告知用户他们的数据如何被收集、使用和存储,并提供给用户控制其个人信息的权利,比如通过隐私设置简单地允许或拒绝特定数据的收集和使用。信息技术和电子商务企业还应该考虑采用更加智能的数据最小化策略,在不损害服务品质的前提下,尽量减少收集的数据数量和类型。这样做不仅能够减轻存储和管理数据的负担,更重要的是降低数据被泄露时可能造成的风险。鉴于个人隐私的国际性质,5G电子商务平台还需要面对不同国家和地区的数据保护法规。例如,欧盟的通用数据保护条例(GDPR)为个人隐私提供了强有力的保护,要求公司以透明和负责任的方式处理来自欧盟公民的个人数据。因此,全球性电子商务企业在开展跨境电子商务交易活动设计5G相关服务时要考虑这些法律法规,确保全球运营的合法性和合规性。

5G网络带来的电子商务革新,使得数据安全和隐私保护面临着日益严峻的挑战。通过实施端到端加密技术、遵循最新安全标准、利用多因素身份验证、提高透明度并赋予用户更多的隐私控制权利以及遵守国际数据保护法规等措施,可为移动用户提供一个更加安全、可靠的5G电子商务环境。只有这样才能确保个人数据的安全,同时促进电子商务行业的健康和可持续发展。

9.1.3 完善相关的法律法规

(1)加强消费者权益保护

随着移动互联网技术的发展,移动电子商务已经成为人们购物消费的主要方式之一,涉及大量的商品和服务交易,消费者的权益也变得越来越重要。首先,要规范商品质量和安全标准。针对电商平台和商家销售的商品,制定相关法律法规,要求其对商品进行严格的质量和安全检验,并明确相应的违法行为和处罚措施。这样可以有效地遏制不良商家的不法行为,保障消费者的合法权益。其次,要加强对虚假宣传和欺诈行为的打击力度。加大对虚假宣传、误导性广告和欺诈行为的监管力度,制定明确的法律法规,加强对电商平台和商家的执法检查和处罚力度。这样可以有效地遏制不良商家的不法行为,提高消费者的满意度和信任度。最后,要建立有效的投诉和纠纷解决机制。电商平台应该建立健全的投诉和纠纷解决机制,明确处理时限和程序,及时有效地解决消费者投诉和纠纷。这样可以增强消费者的安全感和信心,提升消费者的满意度。

(2) 加强监管和执法力度

制定健全的法律法规、加强监管机构的执法力度、建立有效的投诉和纠纷解决机制以及加强对个人信息保护的监管和执法,这些都将有助于保障消费者的权益,维护市场秩序,促进移动电子商务信息服务的高质量发展。首先,制定健全的法律法规非常重要。根据移动电子商务的发展趋势和出现的新问题,及时修订和完善相关法律法规。建立法律法规的评估机制,对现行法律法规进行定期评估,确保其适应性和有效性。此外,也可以制定相关法律法规,要求电商平台和商家对商品进行严格的质量和安全检验,并明确相应的违法行为和处罚措施。另外,建立有效的投诉和纠纷解决机制也是非常重要的。同时,监管机构也应该加强对电商平台和商家的监督和检查,保证投诉和纠纷解决机制的有效实施。

9.1.4 规范电商平台的经营行为

电商平台是电子商务服务的核心载体,应制定明确的准入条件和标准,要求电商平台在注册和运营过程中进行实名认证,并对平台的资质、信用等进行严格审核。同时,设立电商平台信用评级体系,根据平台的运营情况和用户评价,对电商平台进行分类管理,以便监管部门对高风险平台进行重点监管。加强对商品信息的真实性和准确性监管。电商平台应该要求商家提供真实、准确、完整的商品信息,并对商品信息进行审核和验证。此外,在相关法律法规中明确规定电商平台经营者应当承担的责任和义务,包括保护消费者权益、确保交易安全、遵守税收法规等。这将有助于约束电商平台经营者的行为,保障消费者的合法权益,以及制定电商平台经营者在市场竞争中的行为准则和规范,防止不正当竞争和市场乱象。建立完善的信用评价体系和黑名单制度,加大对违规行为的处罚力度,维护市场公平竞争秩序。

9.1.5 建立健全电商信用体系

电商信用体系是电商发展的基础,也是消费者保护的重要手段,需要建立统一、标准的电商信用评价标准和机制。具体如下:制定明确的电商信用评价标准,包括商家的资质认证、经营记录、客户评价等方面的指标,并根据不同行业、规模的特点进行分类管理。这些指标可以包括商家的信用等级、信用评分等形式,以便消费者能够快速了解商家的信用状况。同时,电商平台应该公开商家的信用信息,让消费者能够便捷地查询商家的信用状况。在商品页面上显示商家的信用等级和评分,提供消费者评价的途径,让消费者能够更加全面地了解商家的信用情况,从而作出明智的消费决策。此外,建立信用奖惩制度。对于违法违规行为、不诚信行为的商家,应采取相应的惩罚措施,如降低信用等级、限制参与促销活动、减少曝光机会等。同时,对于信用较好的商家,可以给予一定的激励和优惠政策,以鼓励商家诚实守信、提供优质服务。

9.2 信息服务交互提升策略

9.2.1 准确定位移动用户需求

开展移动电子商务服务的关键在于准确理解用户需求。在移动网络环境中,用户需求呈现出便捷、智能、个性化和碎片化的特点,对服务交互的质量提出了更高的要求。随着移动通信技术的飞速发展和移动信息服务的普及,移动网络用户数量持续增长。据中国互联网络信息中心(CNNIC)2023年3月发布的《中国互联网络发展状况统计报告》显示,截至2022年12月底,我国网民规模达10.67亿,同比增长3 549万,联网普及率达75.6%。移动联网用户规模的不断扩大推动了移动电子商务服务需求的增长。由于移动终端设备通常是一对一的应用,服务主体可以更准确地定位用户的个人信息和使用偏好,从而提供个性化服务。总的来说,移动用户服务需求的演变受个人因素(如职业、教育水平、生活习惯和兴趣爱好等)以及社会因素(如环境、政策法规等)的影响。服务主体应充分利用已掌握的用户基本信息和服务偏好数据,结合用户调研和行为分析,从性别、年龄、学历、地域、收入等角度对用户进行细分,了解影响移动用户服务需求的主要因素,探索用户需求的变化规律,针对不同层面的用户行为特征,实施个性化和精准化服务。

9.2.2 构建用户反馈和评价机制

用户反馈是了解用户需求和期望的重要途径,通过收集用户反馈,电商平台可以及时发现产品或服务中存在的问题和不足,了解用户的真实需求和期望,从而针对性地改进产品或服务,提升用户体验。因此,电子商务平台应高度重视反馈机制的建设和运营,以提供更好的用户体验和推动业务的可持续发展。首先,建立便捷的用户反馈渠道。电商平台应提供多种便捷的用户反馈途径,如在线客服、投诉举报平台、电话热线等,以满足用户在不同场景下的反馈需求。此外,还可以通过设置意见箱或开展用户满意度调查等方式,主动收集用户意见和建议,为用户提供更好的参与感和表达渠道。其次,加强对用户反馈的及时响应和处理。电商平台应建立健全的用户反馈处理机制,设立专门的团队负责处理用户反馈,并确保用户的反馈能够及时、有效地得到回复和解决。对于重要的问题和投诉,应设立专项处理通道,加快解决速度,提高用户满意度。同时,鼓励用户积极参与评价和评分。电商平台可以设置奖励机制,鼓励用户对购买的商品或服务进行评价和评分。例如,给予积分、优惠券或折扣等形式的奖励,以激励用户积极参与评价,增加用户对于评价的重视程度。此外,加强评价信息的真实性和可信度管理。电商平台应采取措施确保评价信息的真实性和可信度,防止虚假评价的存在。可以通过建立验证机制、加强人工审核和技术手段等方式,筛选和过滤不实或恶意的评价信息,提高评价信息的质量和可信度。最后,利用大数据分析用户反馈和评价。电商平台可以运用大数据技术,对用户反馈和评价进行分析和挖掘,发现用户需求的变化和问题的症结,及时调整和改进商品和服务,提升用户体验和满意度。

9.2.3 优化用户界面设计

一个优化的用户界面可以提供简单、直观和愉悦的使用体验,使用户更轻松地浏览、搜索和购买产品或服务。良好的用户体验有助于增加用户满意度,促使用户更频繁地使用移动电子商务信息服务。创新优化移动电子商务信息服务的用户界面设计,需综合考虑个性化与定制化以及界面风格两大核心要素。

(1) 在个性化与定制化方面

用户体验的差异化需求日益凸显,为了满足这一需求,设计界面时应深入挖掘用户的个人喜好、消费习惯和行为模式。例如,通过分析用户的浏览历史和购买记录,可以为其呈现更符合其口味的商品推荐,实现精准营销。同时,提供界面元素的自定义选项,让用户能够根据个人审美和功能需求调整界面布局、色彩搭配等,从而打造出独一无二的个性化界面。这种定制化的设计不仅增强了用户的归属感,也提升了应用的用户黏性。

(2) 用户界面设计方面

除了界面交互之外,界面风格也是需要考虑的一个因素。传统的移动电子商务信息服务的用户界面设计以简约主义为主,大量采用单一颜色和简单的构图方式。而现在,可以采用更加丰富、多样的设计方式来优化移动电子商务信息服务的用户界面设计。例如,在配色方面,可以采用更加鲜明的配色方式,增加视觉冲击力,从而更好地吸引用户的注意。同时,在构图方面,可以采用更加复杂的构图方式,使得整个页面更加生动、立体,更好地展现商品的特点,从而提高用户的购物体验。

9.2.4 交互方式创新

在交互性与动态性方面,用户期望与界面进行更自然、更直观的互动。为了满足这一需求,可运用先进的触摸技术、手势识别以及语音识别等功能,打破传统界面操作的束缚。这些技术使得用户能够通过最自然的方式与界面进行互动,从而大大提高了操作的便捷性和准确性。除了触摸和手势识别,语音识别技术也为用户提供了更直观的交互方式。用户可以通过简单的语音指令来完成操作,而无须烦琐的手动操作。这种交互方式尤其适用于那些需要在移动中使用应用或在执行其他任务时需要解放双手的用户。同时,界面的动态性也是提升用户体验的关键因素之一。一个能够根据用户实时行为和环境变化作出响应的界面,可以大大增加用户的参与感和沉浸感。例如,当用户在户外阳光下使用应用时,界面可以自动调整亮度,以提高可读性;当用户在黑暗环境中使用应用时,界面可以自动降低亮度,以减少对眼睛的刺激。此外,根据用户的操作习惯和行为模式,界面还可以自动调整布局和功能排列,使每次使用都变得更加流畅和高效。通过智能算法,界面能够学习用户的操作习惯和偏好,并根据这些信息优化布局和功能排列。例如,如果用户经常使用某个功能,那么该功能可以出现在更显眼的位置或通过智能推荐系统为其推荐相关产品和服务。这种个性化的界面设计不仅提高了用户体验,还增强了用户对应用的忠诚度和黏性。

9.3 信息服务多元主体共治策略

9.3.1 加强企业数字化转型,提升竞争优势

数字化转型已成为企业追求竞争优势的重要手段。在数字化转型背景下,企业可以更好地利用数字技术实现业务模式创新,提高运营效率和客户服务水平。借助数字技术可以更好地呈现物品、场景、人物等元素,提供更加真实和沉浸式的体验,满足用户的多元化需求。因此,推动数字化转型是移动电子商务信息服务高质量发展的关键。

为了实现移动电子商务信息服务的高质量发展,需要政府、企业和社会各方面共同参与,确保技术创新,强化安全保护措施,制定有效的法律法规,

培养用户的接受度,探索创新的商业模式,减少数字鸿沟,并关注伦理道德等问题。数字化转型赋能移动电子商务信息服务生态系统是一个不可逆转的趋势,移动电子商务数字化转型的实现虽然存在一些挑战和风险,但通过加强数据管理和安全保护措施,可以最大程度地发挥数字化转型与移动电子商务信息服务生态系统相结合的优势,为提升用户服务体验和创新商业模式带来更多的机遇和价值。

9.3.2 加强教育培训和人才储备

加强教育培训和人才储备是移动电子商务信息服务高质量发展的关键所在。通过教育培训,我们可以提高从业人员的专业素养和技能水平,使他们更好地应对行业变革。因此,我们必须重视并加强教育培训和人才储备工作,为移动电子商务信息服务的高质量发展奠定坚实基础。首先,加强教育培训是提升人才素质的重要途径。政府可以制定相关政策,鼓励高校开设与移动电子商务相关的专业课程,如电子商务管理、数据分析、数字营销等。这些课程应该紧跟行业发展的最新趋势和需求,注重实践教学,增强学生的实际操作能力和解决实际问题的能力。其次,支持高校与企业合作,建立实践基地,让学生能够有接触实际操作和解决实际问题的机会。通过实践教学,学生可以更好地了解行业的最新动态和需求,提高自己的专业素质和实际操作能力。加强行业与高校的合作是促进人才培养和知识传播的有效渠道。移动电子商务行业与高校之间的合作可以促进知识的交流和人才的培养。可以通过建立实习基地、开展校企合作研究等方式,让学生与企业紧密联系,了解行业的最新动态和需求,并提供实践机会。同时,行业可以向高校提供相关数据和案例,供教师和学生进行教学和研究。通过加强行业与高校的合作,可以促进知识的传播和人才的培养,为移动电子商务行业提供更多的专业人才。最后,鼓励自主学习和终身学习是提升人才素质的重要途径。移动电子商务行业发展迅速,要适应行业的需求,个人需要具备自主学习和不断更新知识的能力。政府可以提供相关的学习平台和资源,鼓励个人参与学习和培训。同时,企业也应该鼓励员工进行终身学习,提供相关的学习机会和资源支持。

9.3.3 优化资源配置,提升服务质量

移动电子商务服务资源是构建整个服务体系的基础,涵盖了广泛的社会、经济和自然资源。这些资源不仅仅是物质层面的,还包括金融资本、人力资源、政策资源、信息资源、知识资源等非物质层面。在移动电子商务的环境下,这些资源的优化配置对于提升服务质量起到了至关重要的作用。金融资本作为移动电子商务服务的基础,提供了必要的资金支持,确保服务的正常运作。人力资源则是服务提供者的核心,他们的专业技能和素质直接影响到服务质量。政策资源为服务提供了一个合规的运营环境,确保服务的稳定发展。信息资源是现代社会的宝贵财富,能够提供快速、准确的数据支持,提升服务效率。而知识资源则是创新的动力源泉,通过不断的知识积累和更新,推动服务的持续改进。为了实现服务资源的优化配置,需要对服务链上的各个环节进行细致的分析和调整。这包括对资源分布结构的调整、分配预期的改进等,旨在整合各类服务主体的优势资源。通过这样的方式,可以在服务质量控制体系中形成合理的规模与结构,提高服务资源的利用效率。在服务资源优化配置的过程中,用户需求是核心。所有的服务设计、资源分配都应以满足用户需求为出发点。为了更好地满足用户需求,服务主体需要不断进行资源的补充和优化,实现动态聚合。这种多元化的服务合作模式能够更好地满足用户需求的多样性和变化性。同时,资源的合理开发与利用是服务资源优化的关键。这需要各服务主体之间进行深入的交流与互动,通过相互学习、共享经验来实现资源的共享与优化配置。在这个过程中,各主体之间会逐渐形成一种自我调节与相互适应的关系,从而实现有机的联动与协同发展。

9.4 本章小结

本章在高质量发展要求下,围绕移动电子商务信息服务质量的提升,结

合当前主流信息技术的创新应用,从环境优化、信息交互、多元主体共治三个方面提出了相应策略。本章不仅揭示了提升移动电子商务信息服务质量的必要性和迫切性,也为企业未来的生产实践指明了方向,以更好地满足移动电子商务用户的个性化需求。

参 考 文 献

[1] Galhotra B. Big data: an opportunity and challenge for M-commerce [C]. The 5th International Conference on IoT in Social, Mobile, Analytics and Cloud (I-SMAC). Electr Network: IEEE. 2021: 894-902.

[2] Horton F W. Information ecology[J]. Journal of Systems Management, 1978, 29(9): 32-36.

[3] Capurro R. Towards an information ecology[M]. Wormell Information Quality: Definitions and Dimensions. London: Taylor Graham, 1990: 122-139.

[4] Davenport T H, Prusak L. Information ecology: mastering the information and knowledge environment[M]. New York: Oxford University Press, 1997.

[5] Nardi B A. Information ecologies: highlights of the keynote address[J]. Reference and User Services Quarterly, 1998, 38 (1): 49-50.

[6] Moore J F. Predators and prey: a new ecology of competition[J]. Harvard Business Review, 1993, 71(3): 75-86.

[7] Detlor B. The influence of information ecology on e-commerce initiatives [J]. Internet Research Electronic Networking Applications & Policy, 2001, 11 (4): 286-295.

[8] Javalgi R G, Khare V P, Gross A C, et al. An application of the consumer ethnocentrism model to French consumers[J]. International Business Review, 2005, 14(3): 325-344.

[9] Assadourian E. Global economic growth continues at expense of ecological systems[J]. World Watch, 2008, (3): 30-31.

[10] Abukhader S M. Eco-efficiency in the era of electronic commerce should "Eco-Effectiveness" approach be adopted? [J]. Journal of Cleaner Production, 2008 (16): 801-808.

[11] Gao L, Han J S, Kim H. A review of the research on e-commerce ecosystem in China[J]. Journal of Digital Convergence, 2019, 17(8): 141-148.

[12] Xie C, Xiao X Y, Hassan D K. Data mining and application of social e-commerce users based on big data of internet of things[J]. Journal of Intelligent & Fuzzy Systems, 2020, 39(4): 5171-5181.

[13] Gueguen G, Isckia T. The borders of mobile handset ecosystems: Is coopetition inevitable? [J]. Telematics and Informatics, 2011, 28(1): 5-11.

[14] Karhu K, Tang T, Hämäläinen M. Analyzing competitive and collaborative differences among mobile ecosystems using abstracted strategy networks[J]. Telematics and Informatics, 2014, 31(2): 319-333.

[15] Gnyawali D R, Madhavan R, He J, et al. The competition-cooperation paradox in inter-firm relationships: a conceptual framework [J]. Industrial Marketing Management, 2016, 53: 7-18.

[16] Chou H, Zolkiewski J. Coopetition and value creation and appropriation: The role of interdependencies, tensions and harmony [J]. Industrial Marketing Management, 2018, 70: 25-33.

[17] Hoffmann W, Lavie D, Reuer J J, et al. The interplay of competition and cooperation[J]. Strategic Management Journal, 2018, 39(12): 3033-3052.

[18] Bacon E, Williams M D, Davies G. Coopetition in innovation ecosystems: A comparative analysis of knowledge transfer configurations[J]. Journal of

Business Research, 2020, 115: 307-316.

[19] Garri M. Coopetition, value co-creation, and knowledge-enhancement in the UK alpaca industry: a multi-level mechanism[J]. European Management Journal, 2021, 39(5): 545-557.

[20] Liu G, Aroean L, Ko W W. Service innovation in business ecosystem: the roles of shared goals, coopetition, and interfirm power[J]. International Journal of Production Economics, 2023, 255: 108709.

[21] Riquelme-Medina M, Stevenson M, Barrales-Molina V, et al. Coopetition in business Ecosystems: the key role of absorptive capacity and supply chain agility[J]. Journal of Business Research, 2022, 146: 464-476.

[22] Burström T, Kock S, Wincent J. Coopetition-Strategy and interorganizational transformation: platform, innovation barriers, and coopetitive dynamics[J]. Industrial Marketing Management, 2022, 104: 101-115.

[23] Jarosław Wątróbski, Paweł Ziemba, Jarosław Jankowski, et al. PEQUAL-E-commerce websites quality evaluation methodology[C]//Computer Science & Information Systems. IEEE, 2016.

[24] 李美娣. 信息生态系统的剖析[J]. 情报杂志, 1998(4): 3-5.

[25] 陈锡生, 袁京蓉. 企业信息资源生态系统中信息制度要素研究[J]. 技术经济, 2002(7): 21-23.

[26] 王东艳, 侯延香. 信息生态失衡的根源及其对策分析[J]. 情报科学, 2003(6): 572-575,583.

[27] 陈曙. 信息生态的失调与平衡[J]. 情报资料工作, 1995(4): 11-14.

[28] 陈曙. 信息生态研究[J]. 图书与情报, 1996(2): 12-19.

[29] 薛纪珊. 信息生态与信息开发[J]. 学会, 2001(12): 53-54.

[30] 应金萍,冯建新. 加强信息伦理建设促进信息生态平衡[J]. 浙江工商职业技术学院学报,2004(3):32-34.

[31] 田春虎. 信息生态问题初探[J]. 情报杂志,2005(2):90-92.

[32] 张福学. 信息生态学的初步研究[J]. 情报科学,2002(1):31-34.

[33] 娄策群. 信息生态位理论探讨[J]. 图书情报知识,2006(5):23-27.

[34] 孙瑞英,贾旭楠. 高校智库信息生态链与生态圈构建研究[J]. 现代情报,2019,39(8):37-44.

[35] 欧忠辉,朱祖平,夏敏,等. 创新生态系统共生演化模型及仿真研究[J]. 科研管理,2017,38(12):49-57.

[36] 吴洁,彭晓芳,盛永祥,等. 专利创新生态系统中三主体共生关系的建模与实证分析[J]. 软科学,2019,33(7):27-33.

[37] 陆绍凯,刘盼. 重大风险冲击下的创新生态系统演化仿真研究[J]. 科技管理研究,2021,41(5):8-14.

[38] 陈瑜,谢富纪. 基于Lotka-Voterra模型的光伏产业生态创新系统演化路径的仿生学研究[J]. 研究与发展管理,2012,24(3):74-84.

[39] 范太胜. 基于Lotka-Volterra模型的区域低碳产业生态系统演化研究[J]. 科技管理研究,2014(15):219-223.

[40] 姚晶晶,孔玉生. 基于Lotka-Volterra理论的产业集群生态网络竞合模型[J]. 科技管理研究,2017,37(4):176-179,186.

[41] 陈明红,漆贤军. 网络信息生态系统中信息资源配置仿真研究[J]. 情报杂志,2012,31(5):176-179.

[42] Jin H. Research on the e-commerce business new pattern from perspectives of SWOT and customer relationship management[C]//3rd. International Symposium on Engineering Technology, Education and Management

(ISETEM), 2016.

[43] 孙晓阳. 煤矿关键物资管理数据生态系统协同机制研究[D]. 北京：中国矿业大学(北京), 2017.

[44] Jin Y F, Yu H J. Content governance mechanism of social e-commerce platform from the perspective of information ecology: a case study of Xiaohongshu[C]//2021 2nd International Conference on E-Commerce and Internet Technology (ECIT), 2021.

[45] 吴晓波, 陈小玲. 移动商务与电子商务的比较研究：基于价值创造视角[J]. 情报杂志, 2010, 29(8): 19-21,44.

[46] 董红磊. 近十年国内移动电子商务研究文献计量分析[J]. 情报探索, 2013(11): 34-38.

[47] 胡婧. 基于文献计量的移动电子商务研究综述[J]. 经济研究导刊, 2013(11): 49-51.

[48] 尹蔚超. 基于生态位的移动商务产业链研究[J]. 价值工程, 2011, 30(4): 29-30.

[49] 范云翠. 电信产业价值链主体的合作竞争机制研究[D]. 长春：吉林大学, 2009.

[50] 孙舰, 任旭, 郝生跃. 项目合作网络内企业间知识转移与保护的演化博弈研究[J]. 科技管理研究, 2015, 35(18): 145-151.

[51] 肖毅, 王方. 网络信息种群共生理论及其模型研究[J]. 图书情报工作, 2009, 53(18): 17-21.

[52] 卞曰瑭, 何建敏, 庄亚明. 基于Lotka-Volterra模型的生产性服务业发展机理研究[J]. 软科学, 2011, 25(1): 32-36.

[53] 袁烨. 基于生态理论的企业信息系统重构[D]. 长春：吉林大学, 2011.

[54] 唐红涛,郭凯歌. 电子商务市场监管三方演化博弈及仿真分析[J]. 商学研究, 2020, 27(2): 34-45.

[55] 王辛辛,程郁琨,田晓明,等. 电商生态系统四方演化博弈研究[J]. 运筹学学报, 2022, 26(1): 23-42.

[56] 陈欢,马费成. 国内学术电子期刊供应链上多元主体竞争合作关系探讨[J]. 情报杂志, 2012, 31(4): 180-184.

[57] Li W, Zhao X. Competition or coopetition? Equilibrium analysis in the presence of process improvement[J]. European Journal of Operational Research, 2022, 297(1): 180-202.

[58] 何绍华,窦艳. 移动商务信用信息服务主客体关系研究[J]. 现代情报, 2010, 30(9): 62-65.

[59] 洪亮,任秋圜,梁树贤. 国内电子商务网站推荐系统信息服务质量比较研究:以淘宝、京东、亚马逊为例[J]. 图书情报工作, 2016, 60(23): 97-110.

[60] 李宗富. 信息生态视角下政务微信信息服务模式与服务质量评价研究[D]. 长春:吉林大学, 2017.

[61] 姜明男,薛星群,杨毅. 基于SVM的在线医疗信息服务质量关键影响因素研究[J]. 情报科学, 2020, 38(3): 70-77.

[62] 郭海玲,马红雨,朱嘉琪. 跨境电商信息服务生态系统构成要素与概念模型研究[J]. 商业经济研究, 2021(19): 92-95.

[63] 马雪纯. 智慧医养信息服务质量评价指标构建及实证研究[D]. 太原:山西财经大学, 2021.

[64] 田世海,韩琳. 基于生态位的物联网商业生态系统主体竞争合作演化模型研究[J]. 科技与管理, 2013, 15(3): 54-58.

[65] Deng P, Zhong J. Analysis of e-commerce information ecosystem model

based on block chaining[C]//5th International Conference on Electrical & Electronics Engineering and Computer Science (ICEEECS), 2018.

[66] ZhuanSun F, Chen J J, Chen W L, et al. The mechanism of evolution and balance for e-commerce ecosystem under blockchain[J]. Scientific Programming, 2021, 2021(1): 1-9.

[67] Kauffman R J, Walden E A. Economics and electronic commerce: survey and directions for research[J]. International Journal of Electronic Commerce, 2001, 5(4): 5-116.

[68] Ngai E W T, Wat F K T. A literature review and classification of electronic commerce research[J]. Information and Management, 2002, 39(5): 415-429.

[69] Chen C M. Searching for intellectual turning points: progressive knowledge domain visualization[J]. Proceedings of the National Academy of Sciences, 2004(101): 5303-5310.

[70] Chen C M. CiteSpace II: detecting and visualizing emerging trends and transient patterns in scientific literature[J]. Journal of the American Society for Information Scienceand Technology, 2006, 57(3): 359-377.

[71] Aaker D A, Keller K L. Consumer evaluations of brand extensions[J]. Journal of Marketing, 1990, 54(1): 27-41.

[72] Chong Y L, Chan F T S, Ooi K B. Predicting consumer decisions to adopt mobile commerce: cross country empirical examination between China and Malaysia[J]. Decision Support Systems, 2012, 53(1): 34-43.

[73] Varshney U, Vetter R. Mobile Commerce: framework, applications and networking support[J]. Mobile Networks and Applications, 2002, 7(3): 185-198.

[74] Venkatesh V, Thong J Y L, Xu X. Consumer acceptance and use of information technology: extending the unified theory of acceptance and use of technology[J]. MIS Quarterly, 2013, 36(1): 157-178.

[75] Wu J H, Wang S C. What drives mobile commerce? An empirical evaluation of the revised technology acceptance model[J]. Information & Management, 2005, 42(5): 719-729.

[76] Chong Y L. Predicting m-commerce adoption determinants: a neural network approach[J]. Expert Systems with Application, 2013, 40(2): 523-530.

[77] Liebana-Cabanillas F, Marinkovic V, Kalinic Z. A SEM-neural network approach for predicting antecedents of m-commerce acceptance[J]. International Journal Of Information Management, 2017, 37(2): 14-24.

[78] Chong Y L. A two-staged SEM-neural network approach for understanding and predicting the determinants of m-commerce adoption[J]. Expert Systems with Applications, 2013, 40(4): 1240-1247.

[79] Ngai E W T, Gunasekaran A. A review for mobile commerce research and applications[J]. Decision Support Systems, 2007, 43(1): 3-15.

[80] Wang R J H, Malthouse E C, Krishnamurthi L. On the go: how mobile shopping affects customer purchase behavior[J]. Journal of Retailing, 2015, 91(2): 217-234.

[81] Agrebi S, Jallais J. Explain the intention to use smartphones for mobile shopping[J]. Journal of Retailing and Consumer Services, 2015(22): 16-23.

[82] He D H, Lu Y B. An integrated framework for mobile business acceptance[C]. Alfred Univ: ALFRED, 2007.

[83] Varnali K, Toker A. Mobile marketing research: the-state-of-the-art[J]. International Journal of Information Management, 2010, 30(2): 144-151.

[84] Zarmpou T, Saprikis V, Markos A, et al. Modeling users' acceptance of mobile services[J]. Electronic Commerce Research, 2012, 12(2): 225-248.

[85] Marriott H R, Williams M D. Exploring consumers perceived risk and trust for mobile shopping: a theoretical framework and empirical study[J]. Journal of Retailing and Consumer Services, 2018(42): 133-146.

[86] Ngubelanga A, Duffett R. Modeling mobile commerce applications' antecedents of customer satisfaction among millennials: an extended TAM perspective[J]. Sustainability, 2021, 13(11): 1-29.

[87] Luarn P, Lin H H. Toward an understanding of the behavioral intention to use mobile banking[J]. Computers in Human Behavior, 2005, 21(6): 873-891.

[88] Alalwan A A. Mobile food ordering apps: an empirical study of the factors affecting customer e-satisfaction and continued intention to reuse[J]. International Journal of Information Management, 2020(50): 28-44.

[89] Yeh Y S, Li Y M. Building trust in m-commerce: contributions from quality and satisfaction[J]. Online Information Review, 2009, 33(6): 1066-1086.

[90] Zhou T, Lu Y B. The effect of interactivity on the flow experience of mobile commerce user[J]. International Journal of Mobile Communications, 2011, 9(3): 225-242.

[91] Yaw S P, Tan G W H, Foo P Y, et al. The moderating role of gender on behavioural intention to adopt mobile banking: a Henseler's PLS-MGA and permutation approach[J]. International Journal of Mobile Communications, 2022, 20(6): 727-758.

[92] Davis F D. Perceived usefulness, perceived ease of use, and user ac-

ceptance of information technology[J]. MIS Quarterly, 1989, 13(3): 319-340.

[93] Davis F D, Venkatesh V. A critical assessment of potential measurement biases in the technology acceptance model: three experiments[J]. International Journal of Human Computer Studies, 1996, 45(1): 19-45.

[94] Venkatesh V, Davis F D. A theoretical extension of the technology acceptance model: four longitudinal field studies[J]. Management Science, 2000, 46(2): 186-204.

[95] Venkatesh V, Morris M G. Why don't men ever stop to ask for directions? Gender, social influence, and their role in technology acceptance and usage behavior[J]. MIS Quarterly, 2000, 24(1): 115-139.

[96] Venkatesh V, Morris M G, Davis G B, et al. User acceptance of information technology: toward a unified view[J]. MIS Quarterly, 2003, 27(3): 425-478.

[97] Anderson E W, Fornell C, Lehmann D R. Customer satisfaction, market share, and profitability: findings from Sweden[J]. Journal of Marketing, 1994, 58(3): 53-66.

[98] Fornell C, Johnson M D, Anderson E W, et al. The American customer satisfaction index: nature, purpose, and findings[J]. Journal of Marketing, 1996, 60(4): 7-18.

[99] Cambrosio A, Limoges C, Courtial J P. Historical scientometrics? Mapping over 70 years of biological safety research with co-word analysis[J]. Scientometrics, 1993, 27(2): 119-143.

[100] 周涛, 鲁耀斌, 张金隆. 基于感知价值与信任的移动商务用户接受行为研究[J]. 管理学报, 2009, 6(10): 1407-1412.

[101] 王春生. 大数据背景下智慧旅游应用模型体系构建探析[J]. 信

息与电脑(理论版),2019(9):3-4.

[102] 娄策群.网络信息生态链运行机制与优化方略[M].北京:科学出版社,2019:99-103.

[103] 许孝君.商务网络信息生态链的形成机理与运行机制研究[D].长春:吉林大学,2014.

[104] Bengtsson M, Kock S. "Co-operation" in business networks—to cooperate and compete simultaneously[J]. Industrial Marketing Management, 2000, 29(5):411-427.

[105] 姜启源,谢金星,叶俊.数学模型[M].4版.北京:高等教育出版社,2011:222-230.

[106] 赵春喜.基于阻滞增长模型的三种群竞争模型[J].科技资讯,2008(34):4-6.

[107] 唐家德.基于MatLab的三种群Volterra模型数值求解[J].现代计算机(专业版),2007(9):16-18.

[108] 娄策群.信息生态系统理论及其应用研究[M].北京:中国社会科学出版社,2014:131-136.

[109] 陈明红.网络信息生态系统信息资源优化配置研究[M].北京:科学技术文献出版社,2019.

[110] 张夏恒.移动电子商务生态系统构建路径研究[J].北京邮电大学学报(社会科学版),2016,18(1):40-44.

[111] Sussman S W, Siegal W S. Informational influence in organizations: an integrated approach to knowledge adoption[J]. Information Systems Research, 2003, 14(1):47-65.

[112] Bhattacherjee A. Understanding information systems continuance: an expectation-confirmation model[J]. MIS Quarterly, 2001,(25):351-370.

[113] Yan Y, Davison R M. Exploring behavioral transfer from knowledge seeking to knowledge contributing: the mediating role of intrinsic motivation[J]. Journal of the American Society for Information Science and Technology, 2013, 64(6): 1144-1157.

[114] 付少雄,陈晓宇,邓胜利. 社会化问答社区用户信息行为的转化研究:从信息采纳到持续性信息搜寻的理论模型构建[J]. 图书情报知识, 2017(4): 80-88.

[115] Cheung C M Y, Sia C, Kuan K. Is this review believable? A study of factors affecting the credibility of online consumer reviews from an ELM perspective[J]. Journal of the Association of Information Systems, 2012(13): 618-635.

[116] Chou C H, Wang Y S, Tang T I. Exploring the determinants of knowledge adoption in virtual communities: a social influence perspective[J]. International Journal of Information Management, 2015, 35(3): 364-376.

[117] Oliver R L. A cognitive model of the antecedents and consequences of satisfaction decisions: a suggested framework and research propositions[J]. Journal of Marketing Research, 1980, 17(4): 460-469.

[118] Shun-Yao, Tseng, Ching-Nan, et al. Perceived risk influence on dual-route information adoption processes on travel websites[J]. Journal of Business Research, 2016, 69(6): 2289-2296.

[119] Weiss B A, Vogl G, Helu M, et al. Measurement science for prognostics and health management for smart manufacturing systems: key findings from a roadmapping workshop[J]. Proc Annu Conf Progn Health Manag Soc, 2015(6): 46.

[120] Rabjohn N, Cheung C M Y, Lee M. Examining the Perceived Credibility of Online Opinions: information Adoption in the Online Environment[C]//

Proceedings of the 41st Annual Hawaii International Conference on System Sciences,2008.

［121］Bauer R A. Consumer Behavior as Risk Taking. ［C］//Hancock R S. Dynamic marketing for a changing worle. Proceedings of the 43rd. Conference of the American Marketing Association,1960.

［122］Boudreau M, Gefen D, Straub D. Validation in information systems research：a State-of-the-Art Assessment[J]. MIS Quarterly, 2001(25): 1-16.

［123］陈建龙. 信息服务模式研究[J]. 北京大学学报(哲学社会科学版),2003(3):124-132.

［124］邓仲华,李立睿,陆颖隽. 大数据环境下嵌入科研过程的信息服务模式研究[J]. 图书与情报,2014(1):30-34,40.

［125］刘宇桐. 移动商务增强现实用户信息采纳行为影响因素及信息服务模式研究[D]. 长春:吉林大学,2020.

［126］吴金南. 服务提供商特性与消费者信任倾向对移动商务信任的影响[J]. 商业研究,2014(5):94-101.

［127］许孝君,徐林忠,王晓丽. 移动支付信息生态系统生态性评价及实证研究[J]. 情报科学,2023,41(4):182-190.

［128］赵杨,宋倩,叶少霞,等. 云计算环境下的电子商务服务平台构建与运行机制研究[J]. 情报科学,2014,32(2):7-10,20.

［129］张春霞. 云计算与大数据技术在移动电子商务中的应用[J]. 信息与电脑(理论版),2021,33(9):22-24.

［130］王硕. 探究云计算支持下的移动电子商务模式[J]. 商讯,2021(3):152-153.

［131］张大波,李雪婷,陶维青. 基于边缘计算和深度学习的有限信息配电网单相接地故障区段定位[J]. 电力系统保护与控制,2023,51(24):

22-32.

[132] 赵明. 边缘计算技术及应用综述[J]. 计算机科学, 2020, 47(Suppl. 1): 268-272, 282.

[133] 王继锋, 王国峰. 边缘计算模式下密文搜索与共享技术研究[J]. 通信学报, 2022, 43(4): 227-238.

[134] 王德政. 云边端协同技术发展助推生态融合[J]. 软件和集成电路, 2020(11): 37-38.

[135] 彭超逸, 刘映尚, 周华锋, 等. 基于云边融合的电力生态运行: 理论框架[J]. 中国电机工程学报, 2022, 42(9): 3204-3214.

[136] 叶盛, 王菁, 辛建峰, 等. 云边环境下微服务组合系统的动态演化方法[J]. 计算机应用, 2023, 43(6): 1696-1704.

[137] 封思贤, 袁圣兰. 用户视角下的移动支付操作风险研究: 基于行为经济学和 LDA 的分析[J]. 国际金融研究, 2018(3): 68-76.

[138] 李二亮, 何毅, 李永焱. 移动支付商家采纳影响因素及决策过程研究[J]. 管理评论, 2020, 32(6): 184-195.

[139] 周鑫, 王海英, 柯平, 等. 国内外元宇宙研究综述[J]. 现代情报, 2022, 42(12): 147-159.

[140] 郭海, 杨主恩, 丁杰斌. 元宇宙商业模式: 内涵、分类与研究框架[J]. 外国经济与管理, 2023, 45(3): 23-45.

[141] 赵星, 乔利利, 张家榕, 等. 元宇宙研究的理论原则与实用场景探讨[J]. 中国图书馆学报, 2022, 48(6): 6-15.

[142] 杨勇, 窦尔翔, 蔡文青. 元宇宙电子商务的运行机理、风险与治理[J]. 电子政务, 2022(7): 16-29.

[143] 史浩, 戴小红. 从电子商务到元宇宙商务: 中国电子商务高水平发展的跃升路径[J]. 区域经济评论, 2022(6): 38-48.

[144] Dionisio J D N, Burns W G, Gilbert R. 3D Virtual worlds and the metaverse: current status and future possibilities[J]. Acm Computing Surveys, 2013, 45(3): 1-38.

[145] 张夏恒, 肖林. 元宇宙跨境电商信息生态系统: 模型构建与治理思路[J]. 电子政务, 2023(3): 85-94.

[146] 刘嘉铮. 元宇宙货币系统的风险分析与法律对策[J]. 东方法学, 2022(6): 85-98.

[147] 李阳, 宋良荣, 阎奇冠. 智能制造产业链金融研究综述[J]. 财会月刊, 2023, 44(12): 108-116.

[148] 钱志鸿, 王义君. 物联网技术与应用研究[J]. 电子学报, 2012, 40(5): 1023-1029.

[149] 陈广仁, 唐华军. 供应链管理的开放式创新机制: 基于物联网的"零边际成本"的理论假设[J]. 中国流通经济, 2017, 31(8): 105-115.

[150] 张建奎. 物联网技术在农产品冷链物流平台上的运用分析[J]. 中国市场, 2017(32): 137-138.

[151] 王毅, 陈启鑫, 张宁, 等. 5G通信与泛在电力物联网的融合: 应用分析与研究展望[J]. 电网技术, 2019, 43(5): 1575-1585.

[152] 房毓菲, 单志广. 智慧城市顶层设计方法研究及启示[J]. 电子政务, 2017(2): 75-85.

[153] 蒋知义, 谢子浩, 楚洁, 等. 信息生态视角下智慧城市公共信息服务质量影响因素识别研究[J]. 情报科学, 2020, 38(3): 42-48,53.

[154] 徐岸峰, 任香惠, 王宏起. 数字经济背景下智慧旅游信息服务模式创新机制研究[J]. 西南民族大学学报(人文社会科学版), 2021, 42(11): 31-43.

[155] 许孝君, 臧晓文. 融合价值共创的旅游信息生态系统模型研究

[J]．情报科学，2021，39(10)：88-94．

[156] 宋瑞．数字经济下的旅游治理：挑战与重点[J]．旅游学刊，2022，37(4)：11-12．

[157] 赵磊．数字经济赋能旅游业高质量发展的内涵与维度[J]．旅游学刊，2022，37(4)：5-6．

[158] Li Y, Hu C, Huang C, et al. The concept of smart tourism in the context of tourism information services[J]. Tourism management, 2017(58): 293-300.

[159] Connell J, Reynolds P. The implications of technological developments on Tourist Information Centres[J]. Tourism Management, 1999, 20(4): 501-509.

[160] 高翊．图书馆微信信息服务生态系统模型构建研究[J]．图书馆理论与实践，2021(3)：58-64．

[161] 魏冉，刘春红．物流服务生态系统价值共创制度机制研究：基于菜鸟网络系统案例分析[J]．管理学刊，2022，35(2)：103-118．

[162] Vargo S L, Lusch R F. Institutions and axioms: an extension and update of service-dominant logic[J]. Journal of the Academy of marketing Science, 2016, 44(1): 5-23.

[163] 简兆权，令狐克睿，李雷．价值共创研究的演进与展望：从"顾客体验"到"服务生态系统"视角[J]．外国经济与管理，2016，38(9)：3-20．

[164] 肖静，李北伟，魏昌龙，等．信息生态系统的结构及其优化[J]．情报科学，2013，31(8)：10-14．

[165] 张秀英．信息生态视角下智慧旅游构建与发展路径研究[J]．经济问题，2018，465(5)：124-128．

[166] 覃子珍，娄策群．旅游信息服务生态链模型及其协同管理研究

[J]．现代情报，2017，37（12）：19-23．

[167] 凌守兴．智慧旅游应用中的信息生态系统构建[J]．求索，2013，254（11）：38-40．

[168] 张海涛，张丽，张连峰，等．商务网站信息生态系统的配置与评价[J]．情报理论与实践，2012，35（8）：12-16，11．

[169] 李宗富，张向先．政务微信公众号服务质量评价指标体系构建及实证研究[J]．图书情报工作，2016，60（18）：79-88．

[170] 陈岚．基于公众视角的地方政府微博信息服务质量评价及差距分析[J]．现代情报，2015，35（6）：3-8．

[171] 严炜炜．用户满意度视角下微博客服务质量评价模型研究[J]．图书情报工作，2011，55（18）：53-56．

[172] 黄永林．数字经济时代文化消费的特征与升级[J]．人民论坛，2022（9）：116-121．

[173] 陈琳琳，徐金海，李勇坚．数字技术赋能旅游业高质量发展的理论机理与路径探索[J]．改革，2022（2）：101-110．

[174] 魏翔．数字旅游：中国旅游经济发展新模式[J]．旅游学刊，2022，37（4）：10-11．

[175] 王志宏，杨震．人工智能技术研究及未来智能化信息服务体系的思考[J]．电信科学，2017，33（5）：1-11．

[176] 王益成．数据驱动下科技情报智慧服务模式研究[D]．长春：吉林大学，2020．

[177] 周济，李培根，周艳红，等．走向新一代智能制造[J]．Engineering，2018，4（1）：28-47．

[178] 吴兴杰．阿里巴巴的第二次春天在哪里？——2020年后工业4.0时代的"智能制造"将会颠覆电商平台[J]．商业文化，2014（31）：6-27．

[179] 袁勇, 王飞跃. 区块链技术发展现状与展望[J]. 自动化学报, 2016, 42(4): 481-494.

[180] 曾诗钦, 霍如, 黄韬, 等. 区块链技术研究综述: 原理、进展与应用[J]. 通信学报, 2020, 41(1): 134-151.

[181] 埃斯特·索普, 张建中. 收入多元化: NFT、电子商务与订阅[J]. 青年记者, 2022(1): 96-97.

[182] 姚叶, 任文璐. NFT数字作品交易信息网络传播权规制路径的证成与完善[J]. 新闻界, 2023(5): 61-69.